Graded German Reader

GRADED GERMAN READER

Erste Stufe

THIRD EDITION

HANNELORE CROSSGROVE
University of Rhode Island

WILLIAM C. CROSSGROVE
Brown University

D. C. Heath and Company
Lexington, Massachusetts Toronto

Address editorial correspondence to:

D. C. Heath
125 Spring Street
Lexington, MA 02173

Cover: *Women on the Street, Murnau,* 1908 by Wassily Kandinsky.
Private collection, New York.

Graded German Reader, Erste Stufe, is based on Peter Hagboldt's original reader, first published in 1933.

Published simultaneously in Canada.

Printed in the United States of America.

International Standard Book Number: 0–669–20159–6

Library of Congress Catalog Number: 90–84882

10 9 8 7

Preface

Graded German Reader: Erste Stufe, Third Edition is an elementary reader designed to build students' speaking and reading skills beginning in the first semester of an introductory college German course or in the first year of a high school course. Divided into six parts, it contains easily accessible narratives, fables, anecdotes, and stories that students can begin to read and discuss almost immediately. The reading selections in Parts One through Five were written or edited specifically for this text; they are designed to present students with material that—even in the early weeks—leads to student-teacher and eventually to student-student interchange. Authentic material is presented in Part Six, which contains an unedited modern German short story. The Third Edition of the **Graded German Reader** follows the same vocabulary-building principles as the previous editions; new words are systematically introduced in each part, leading to a total vocabulary of 915 high-frequency words and 116 idiomatic expressions. Exercises following each text or group of texts check comprehension and usually offer vocabulary-building techniques as well.

New to the Third Edition

The Third Edition has been thoroughly revised but retains the basic structure of the earlier editions. Parts Two through Five have been shortened; the exercises have been rewritten and placed closer to the texts to which they apply; and about ten percent of the vocabulary has been replaced to accommodate changes in usage. A new contemporary text has been added as Part Six—a complete, unedited story by Doris Dörrie.

ORGANIZATION AND USE OF THE READER

Reading Selections. Part One, *Allerlei,* contains simple readings crafted to reinforce the acquisition of basic vocabulary. Beginning with cognates and contrasts, it includes basic topics such as days, seasons, and numbers, concluding with more personal subjects such as home, family, school, and office. The *Fabeln* of Part Two are fables that students find particularly enjoyable because they recognize many of them. Part Three, *Anekdoten und Erzählungen,* consists of anecdotes based on folklore, famous historical figures, or humorous situations, usually concluding with a twist or "punch line." *Eulenspiegel und Münchhausen* (Part Four) introduces legends and tall tales about two figures from German popular literature, while Part Five (*Märchen*) contains four well-known fairy tales. By the time students have reached Part Six, their mastery of oral and written German will be sufficient to allow them to read and discuss Doris Dörrie's *Ohne Gepäck,* a story dealing with contemporary themes.

Vocabulary. The vocabulary of the **Graded German Reader** is carefully controlled to ensure the gradual introduction of unfamiliar words and idioms. Part One introduces 500 words and 30 idiomatic expressions, another 145 words and 30 idiomatic expressions are added in Part Two, 105 words and 15 expressions in Part Three, 80 words and 15 expressions in Part Four, 45 words and 10 expressions in Part Five, and 40 words and 16 expressions in Part Six—a total of 915 words and 116 idiomatic expressions. The latter are defined as expressions whose meanings are not easily ascertainable from word-for-word English equivalents.

Items not included in the word count are: definite articles, personal pronouns, possessive adjectives, personal names, place names identical, or nearly so, in English and German, and self-evident compounds. Nouns and verbs with the same stem are counted separately only if there is a vowel change in the noun or if their meanings are not obviously related. The footnotes of Part Six also contain about 100 words that occur only once in the text. These are marked with asterisks and are not included in the list of new words to be learned. They are, however, included in the *Vocabulary* at the end of the book.

At the end of each part are a list of idiomatic expressions and a two-part vocabulary list. The idiomatic expressions are listed in the sequence in which they occur in the text. In the Third Edition, English equivalents and reference numbers for locating the first occurrence in the text have been added.

The vocabulary list includes all new vocabulary, in two categories. List A gives all cognates sufficiently close to English to enable the student either to recognize the word at once or to remember it easily once it is identified; List B gives all the words that have to be learned without the aid of obvious associations with English. More than one-third of the vocabulary in Part One consists of easily recognizable cognates. Thus the learning of the first 500 words should be much simpler than would first appear.

Students should learn the idiomatic expressions and be prepared to use them in sentences of their own. They should also be encouraged to formulate sentences using the words in the vocabulary lists rather than merely to give English equivalents to individual words. In this way, the lists can facilitate vocabulary review for each part.

Exercises. In each part, exercises follow each section or small group of sections. Each set of exercises begins with yes-no questions; information questions introduced by questions words such as *wer, was, wo, wie, wann,* and *warum;* or true-false statements. Even when simple answers are possible, students can use the questions for further practice by providing missing information to supplement a "no" answer, by correcting false statements, or by asking questions for which the statements could be answers. In most cases, an additional exercise offers practice in vocabulary building, draws attention to cultural differences, or suggests topics for further discussion.

Grammar. Parts One and Two are written almost entirely in the present tense, while the simple past is introduced in Part Three. Passive and subjunctive verbs are used only rarely and are footnoted unless the meanings are obvious. In Parts One and Two, sentences consist principally of main clauses, and only some simple types of dependent clauses occur. More complex structures are gradually introduced in Part Three, but relative clauses remain a rare occurrence throughout the book.

End Matter. The **Graded German Reader** concludes with (1) a Verb Appendix, listing the principal parts of all irregular verbs used in the book; (2) a German-English vocabulary (with information on principal parts of irregular verbs, genders and plural endings of nouns, and irregular genitive singular endings for masculine nouns); and (3) an index of vocabulary building exercises.

One of the current trends in foreign language textbooks is the complete use of "authentic" materials, materials that are written for the native speaker. In this sense, our book does not pretend to be authentic, except for the new final section. It is important in beginning courses for students to have texts they can readily understand and discuss. We have yet to encounter students whose ability to adapt quickly to slang, current jargon, and everyday life when exposed to it depends on their having used authentic materials in the classroom. Graded readers succeed because students and teachers find them helpful. We hope that the new edition will serve them as well as the Second Edition and Peter Hagboldt's original have in the past.

ACKNOWLEDGMENTS

We want to express thanks to Werner Hoffmeister of Dartmouth College for his encouragement and suggestions, to Denise St. Jean and Gina Russo of D. C. Heath and Company for giving us a schedule and moving the project along, to Rosemary R. Jaffe for leading us through the thicket of typesetting details, and above all to our editor, Joan Schoellner, for her tireless efforts to improve the book.

We would also like to thank the following colleagues who reviewed the manuscript during its various stages of development: Thomas Baldwin, Western Kentucky University; John Burke, Fitchburg State College; Giles Hoyt, Indiana University, Indianapolis; William Jackson, University of Virginia; and Gertraud Rosenbladt, Foothill College.

Hannelore Crossgrove

William Crossgrove

Contents

Graded German Reader

Part One

Allerlei

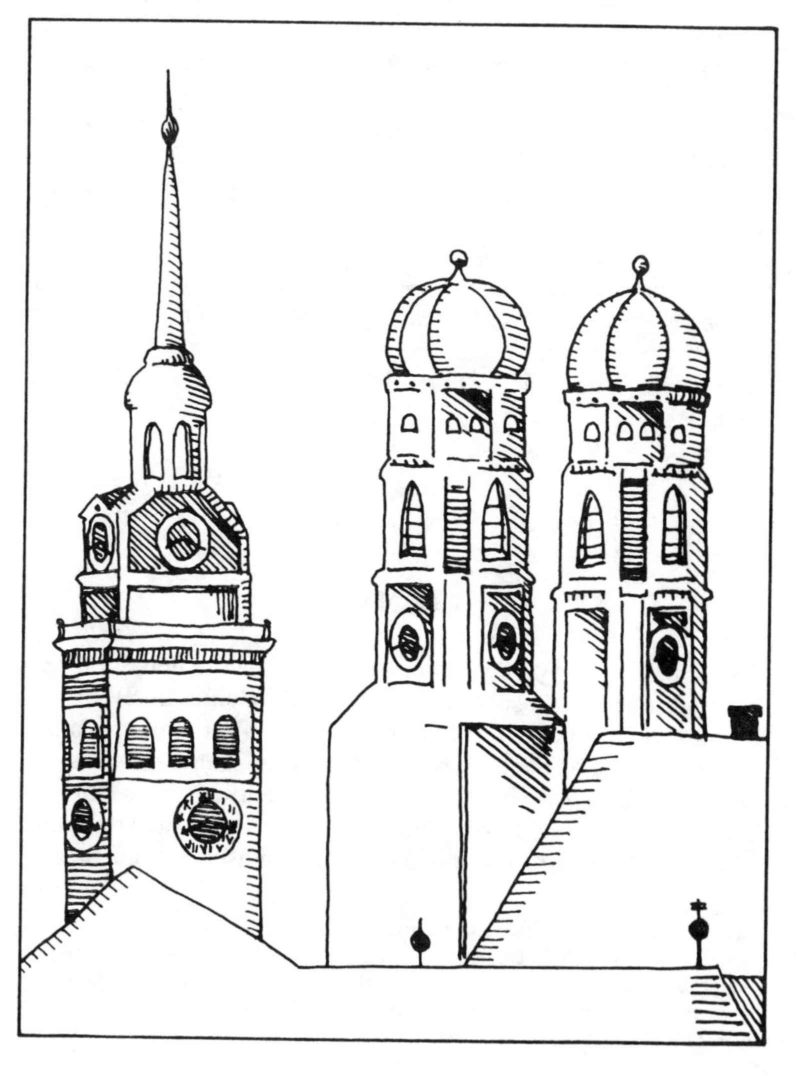

Allerlei

The texts in Part One can be used as simple readings to reinforce the acquisition of basic vocabulary while the grammar is being learned from another book, or they can be used as starting points for drills or conversation in a course which puts more emphasis on spoken German. While the dialogues usually contained in beginning German books are essential for enabling students to imitate speech, they do not easily lead to discussion because it seems stilted to write dialogues such as: "Where is the tongue?" "The tongue is in the mouth." However, questions and answers of this type, ones that are actually about the basic vocabulary itself, are one of the most useful ways to begin classroom interchange in the early weeks and months of a beginning course. Our texts are designed to facilitate this process, and they are therefore unabashedly stilted in the sense that we do not hesitate to make up sentences that would never occur in the speech or writing of an adult German but are essential in the beginning stages of learning a new language. The challenge for the student and the teacher is to take the raw material that we provide and convert it into communication. The textbook is an instrument to encourage creativity, not a substitute for it.

1. COGNATES

Das englische Wort *cognate* kommt aus[1] der lateinischen Sprache.[2] Das englische Wort *cognate* kommt von[3] den lateinischen Wörtern *co* und *natus*. *Co* bedeutet[4] auf englisch[5] *with*, auf deutsch „mit"; *natus* bedeutet auf englisch *born*, auf deutsch „geboren". Das en-
5 glische Wort *cognate* bedeutet also[6] auf deutsch „mitgeboren". Aber[7] wir sprechen[8] in der deutschen Sprache nicht[9] von „mitgeborenen Wörtern", wir sprechen in der deutschen Sprache von

---

[1]**aus** out of, from. [2]**die Sprache** language. [3]**von** from. [4]**bedeuten** mean, signify. [5]**auf englisch** in English; **auf deutsch** in German. [6]**also** thus, therefore. *This is a "false friend," a word that does not mean what the spelling might suggest to the English speaker. See note 23 for another example.* [7]**aber** but. [8]**sprechen** speak. [9]**nicht** not.

verwandten Wörtern. „Verwandte Wörter" bedeutet also auf englisch *cognate words* oder[10] *related words*.

2. VERWANDTE WÖRTER

Verwandte Wörter können[11] wir leicht[12] verstehen[13] und leicht lernen. Wörter wie:[14] „Wort, kommen, englisch, lateinisch, aus, und" sind leicht zu[15] verstehen und zu lernen. Für Studenten in 5
Amerika hat die deutsche Sprache viele[16] leichte Wörter, denn[17] Englisch und Deutsch sind verwandte Sprachen.

Zum Beispiel,[18] das Wort „Name" in „mein Name ist Schmidt" ist leicht zu verstehen. Wörter wie „Amerika" und „September" verstehen wir leicht. Viele deutsche Wörter schreibt[19] man[20] wie 10
die verwandten englischen Wörter. Hier sind vierzig (40) Beispiele für solche[21] Wörter:

all, der Arm, das Auto, der Bus, die Butter, der Compūter,[22] die Diskétte, der Film, der Finger, die Garāge, das Gas, die Hand, das Hotél, der Hunger, das Kilomēter, das Land, mild, die Milliōn, 15
die Minūte, modérn, das Musēum, der Novémber, der Park, das Problēm, der Proféssor, das Restauránt, der Ring, die Rose, das Seméster, so, das Sofa, der Sport, still, der Studént, das Verb, warm, wild, der Wind, der Winter, der Wolf.

Viele deutsche Wörter schreibt man fast[23] wie die verwandten 20
englischen Wörter, aber wir verstehen und lernen sie sehr[24] leicht. Hier sind sechzig (60) Beispiele für solche Wörter:

abstrákt, der Appetīt, die Asche, das Bett, das Bier, braun, das Buch, der Busch, das Eis, der Eisberg, der Elefánt, eléktrisch, das Ende, das Exāmen, die Famīlie, das Feld, der Fisch, der Freund, 25
der Garten, das Glas, das Gras, grün, das Haus, die Industrīe, der Kaffee, die Kamera, die Katze, die Klasse, das Knie, konkrēt, das Konzért, die Kopīe, das Krokodīl, der Kurs, die Lippe, die Literatūr, der Mann, die Maschīne, die Maus, die Medizīn, die Milch,

---

[10]**oder** or. [11]**können** can, be able to. [12]**leicht** easily, easy. [13]**verstehen** understand. [14]**wie** like, as, how. [15]**zu** to. [16]**viele** many; **viel** much. [17]**denn** for, because. [18]**das Beispiel** example; **zum Beispiel** (**z.B.**) for example, e.g. [19]**schreiben** write. [20]**man** one, people, we. [21]**solch-** such. [22]*In these examples a dash over a vowel indicates that the vowel is stressed and long; an accent indicates that it is stressed and short.* [23]**fast** almost. *This is a false friend like* **also.** *Compare note 6.* [24]**sehr** very.

der Millionǟr, die Musīk, der Norden, der Oktōber, das Prográmm, relatīv, der Schuh, die Schule, die Schulter, die Sekúnde, die Sonne, der Tee, das Telefōn, das Theāter, die Universitǟt, voll, der Wein, der Westen, das Zentimēter.

Die Infinitive vieler Verben sind sehr leicht zu verstehen, z.B.: beginnen, bringen, enden, fallen, finden, hängen, scheinen, schwimmen, singen, sitzen, trinken, wandern, waschen.

3. LEICHTE WÖRTER IM[25] SATZ[26]

Viele Wörter verstehen wir nicht leicht, wenn[27] sie allein[28] stehen;[29] wenn sie aber in einem Satz stehen, sind sie sehr leicht zu verstehen, z.B. die Namen der Farben.[30]

grau

Der Wolf ist grau, die Maus ist grau, die Asche ist grau. Die Farbe des Wolfes, der Maus und der Asche ist grau.

weiß

Die Milch ist weiß, der Schnee[31] ist weiß. Die Farbe der Milch und des Schnees ist weiß. Der Wein ist weiß oder rot.

---

[25]**im** *is commonly used for* **in dem.** *Others introduced in Part One include* **am** *for* **an dem, ins** *for* **in das, zum** *for* **zu dem,** *and* **zur** *for* **zu der.** [26]**der Satz** sentence. [27]**wenn** if, whenever. [28]**allei'n** alone. [29]**stehen** stand. [30]**die Farbe** color. [31]**der Schnee** snow.

rot

Die Lippen sind rot, der Apfel ist rot oder gelb, die Rose ist weiß, rot oder gelb.

gelb

Das Gold ist gelb, die Butter ist gelb. Die Farbe des Goldes und der Butter ist gelb. Die Farbe der Rose ist weiß, rot oder gelb.

grün

Es ist fast Sommer; das Gras ist grün, der Garten ist grün, der Busch ist grün, der Park ist grün.

braun

Der Kaffee ist braun. Der Schuh ist oft[32] braun oder schwarz.

schwarz

Die Kamera ist oft schwarz. Die Katze ist schwarz, weiß, grau oder braun.

blau

Der Himmel[33] ist blau, wenn die Sonne scheint. Wenn die Sonne nicht scheint, ist der Himmel nicht blau. Im Winter ist der Himmel oft grau.

EXERCISES 1–3

A. Are these statements **richtig** [*true*] or **falsch** [*false*]?

1. Das englische Wort *cognate* kommt aus der lateinischen Sprache.
2. ,,Mit'' bedeutet *born* auf englisch.
3. Auf deutsch sprechen wir von ,,mitgeborenen Wörtern''.
4. Wir können verwandte Wörter leicht lernen.
5. Englisch und Deutsch sind verwandte Sprachen.

---

[32]**oft** often. [33]**der Himmel** sky.

6. Die Farbe der Rose ist weiß, rot oder schwarz.
7. Im Winter ist das Gras grün.
8. Milch ist weiß wie Schnee.

B. Answer the following questions.

1. Aus welcher [*which*] Sprache kommt das Wort *cognate*?
2. Warum [*why*] verstehen wir viele deutsche Wörter sehr leicht?
3. Warum sind „also" und „fast" niche so leicht zu verstehen?
4. Welche Wörter verstehen wir leicht, wenn sie in einem Satz stehen?
5. Was ist, z.B., braun oder schwarz?
6. Wann [*when*] ist der Himmel blau?
7. Wie ist der Himmel, wenn die Sonne scheint?

C. More on related words.
American culture is very influential in German-speaking countries today, and new words are constantly coming into use. Here are ten more collected in a few minutes from a magazine: **der Manager, der Teenager, der Supermarkt, die Katastrophe, die Talkshow, der Gangster, korrupt, die Subkultur, nostalgisch, die Konversation.** Pick up a German newspaper or magazine and see how many such words you can pick out even if you do not understand the text. Can you make up simple sentences using some of these words?

4. HÄUFIGE[1] WÖRTER

der Mensch[2]—das Tier[3]

Karl ist ein Mensch, Helga ist ein Mensch; Herr[4] und Frau[5] Braun sind Menschen. Der Wolf ist ein Tier, der Tiger ist ein Tier, die Katze ist ein Tier. Der Wolf, der Tiger und die Katze sind Tiere.

der Mann[6]—die Frau

Karl ist ein Mann, Helga ist eine Frau. Helga ist Karls Frau, Karl
5 ist Helgas Mann.

---

[1]**häufig** frequent. [2]**der Mensch** human being. [3]**das Tier** animal. [4]**Herr** Mr. [5]**Frau** Mrs.; **die Frau** woman, wife. [6]**der Mann** man, husband.

der Junge[7]—das Mädchen[8]

Christa ist ein Mädchen, Barbara und Elke sind auch Mädchen. Paul ist ein Junge, Peter und Thomas sind auch Jungen.

stark[9]—schwach[10]

Viele wilde Tiere sind stark. Der Wolf ist stark, der Tiger ist stark. Der Elefant ist ein sehr starkes Tier. Kleine[11] Tiere sind nicht stark, sondern[12] schwach. Eine Maus ist schwach. Eine Katze ist nicht so schwach wie[13] die Maus, aber nicht so stark wie der Tiger. Kaffee oder Tee kann stark oder schwach sein.

gut—böse[14]

Die Kuh gibt[15] uns Milch, Butter und Fleisch.[16] Die Milch ist gut, die Butter ist gut, das Fleisch ist gut. Frische Eier[17] sind auch[18] gut. Der Hund[19] ist ein Freund des Menschen, er ist freundlich und gut.

Ein Hund ist häufig auch böse. Wenn die Katze seine Milch trinkt, ist er böse. Wilde Tiere sind sehr böse, wenn sie Hunger haben.[20]

gut—schlecht[21]

Die Sonne scheint; es ist nicht zu[22] kalt und nicht zu warm, das Wetter ist gut. Es ist Winter, die Sonne scheint nicht, es ist kalt. Das Wetter ist schlecht. Wir sagen:[23] „Es ist schlechtes Wetter."

---

[7]**der Junge** boy. [8]**das Mädchen** girl. [9]**stark** strong. [10]**schwach** weak. [11]**klein** small. [12]**sondern** but. [13]**so schwach wie** as weak as; **so . . . wie** as . . . as. [14]**böse** angry, bad. [15]**geben** give. [16]**das Fleisch** meat. [17]**das Ei** egg. [18]**auch** also, too. [19]**der Hund** dog. [20]**Hunger haben** be hungry. [21]**schlecht** bad. [22]**zu** *here* too. [23]**sagen** say.

warm—kalt

Der Sommer ist warm, der Winter ist kalt. Das Wetter ist im Sommer oft warm und gut. Das Wetter ist im Winter oft kalt und schlecht. Sommerwetter ist warm, Winterwetter ist kalt. Eis und Schnee sind kalt, das Haus und die Sonne sind warm.

lang—kurz[24]

5 Der Arm ist lang, der Finger ist nicht lang, sondern kurz. Die Minute ist lang, die Sekunde ist kurz. Das Kilometer ist lang. Das Meter ist kurz, aber das Zentimeter ist sehr kurz. Die Nacht[25] ist im Winter lang und im Sommer kurz, der Tag[26] ist im Winter kurz und im Sommer lang.

jung—alt

10 Karl ist im Kindergarten,[27] er ist jung. Großmutter und Großvater sind siebzig (70) Jahre[28] alt, sie sind alt. Karl sagt, Vater und Mutter sind alt. Großmutter sagt, Vater und Mutter sind jung. Warum[29] sagen sie das? Alles[30] ist relativ.

hart—weich[31]

Das Glas ist hart, das Eis ist hart. Die Butter ist weich, das Sofa 15 ist weich, das Bett ist auch weich.

dick—dünn[32]

Der Arm ist dick, der Finger ist dünn. Das Buch ist dick, das Papier ist dünn. Die Beine[33] des Elefanten sind dick. Menschen haben dicke oder dünne Beine.

oft—selten[34]

Unser Hund hat oft Hunger, er hat selten keinen[35] Appetit. Im 20 Sommer scheint die Sonne oft, im Winter scheint die Sonne nicht oft, sondern selten. Warme Wintertage sind selten.

---

[24]**kurz** short. [25]**die Nacht** night. [26]**der Tag** day. [27]**der Kindergarten** nursery school. [28]**das Jahr** year. [29]**warum** why. [30]**alles** everything. [31]**weich** soft. [32]**dünn** thin. [33]**das Bein** leg. [34]**selten** seldom, rare. [35]**kein** no, not any.

immer[36]—nie[37]

Ein Eisberg ist immer kalt und nie warm. Das Feuer[38] ist immer warm und nie kalt. Sommertage sind fast immer warm.

fleißig[39]—faul[40]

Die Biene[41] arbeitet[42] immer, sie ist immer fleißig und nie faul. Die Katze ist oft faul und selten fleißig. Sie sitzt in der Sonne und sagt „miau". Peter sagt nicht „miau", aber er arbeitet nie, er will[43] immer spielen[44] und nie zur Schule gehen.[45] Er ist faul. 5

klein—groß[46]

Die Maus ist klein, der Elefant ist groß. Ein Schneeball ist klein, ein Eisberg ist groß. Das Kind[47] im Kindergarten ist klein, der Vater und die Mutter sind groß.

leicht[48]—schwer[49]

Ein kleines Tier ist leicht, ein großes Tier ist schwer. Eine Biene 10 ist sehr leicht, eine Maus ist leicht, ein Elefant ist sehr schwer. Wir sprechen auch von schweren und leichten Wörtern und von schweren und leichten Büchern.

hell[50]—dunkel[51]

Der Tag ist hell, die Nacht ist dunkel. Wir sprechen von hellen und dunklen Farben. Wir sprechen von hellrot und dunkelrot, 15 von hellblau und dunkelblau und so weiter.[52] Wenn die Sonne scheint, sagen wir: „Welch ein[53] heller, sonniger Tag!" Wenn die Sonne nicht scheint, wenn der Himmel grau und dunkel ist, sagen wir: „Welch ein dunkler Tag!"

schnell[54]—langsam[55]

Eine Kuh geht langsam. Ein Hase[56] geht nicht langsam, ein Hase 20 läuft[57] schnell. Ein Fisch schwimmt schnell, ein Hund schwimmt

[36]**immer** always. [37]**nie** never. [38]**das Feuer** fire. [39]**fleißig** industrious, hard-working. [40]**faul** lazy. [41]**die Biene** bee. [42]**arbeiten** work. [43]**wollen** want to. [44]**spielen** play. [45]**gehen** go. [46]**groß** large. [47]**das Kind** child. [48]**leicht** light; easy. [49]**schwer** heavy; difficult. [50]**hell** bright. [51]**dunkel** dark. [52]**weit** far; **weiter** farther, further on; **und so weiter (usw.)** and so on, etc. [53]**welch-** which; **welch ein** what a. [54]**schnell** fast. [55]**langsam** slow(ly). [56]**der Hase** hare, rabbit. [57]**laufen** run.

langsam. Wir sagen oft von einem Menschen: „Er läuft wie ein Hase" oder „Er schwimmt wie ein Fisch."

reich[58]—arm[59]

Ein Millionär ist reich, ein Professor ist arm. Meine Mutter hat ein großes Haus und viel Land, sie ist reich. Mein Großvater hat kein Haus und kein Land, mein Großvater ist arm. Man sagt oft: „Die reichen Leute[60] werden[61] reicher, und die armen Leute werden ärmer."

teuer[62]—billig[63]

Ein großes Haus ist teuer. Das Studium[64] ist in Amerika sehr teuer. Ein Auto kann teuer oder billig sein. Studenten und Professoren haben oft billige Autos. Millionäre haben teure Autos.

viel—wenig[65]—genug[66]

Ein reicher Mensch hat oft Land und viel Geld;[67] ein armer Mensch hat wenig Geld oder wenig Land. Wenn es viel regnet,[68] sagen die Menschen: „Es regnet zu viel!" Wenn es wenig regnet, sagen die Menschen: „Es regnet viel zu wenig."

Nicht zu wenig und nicht zu viel ist genug. Wer[69] genug hat, ist reich; wer nicht genug hat, ist arm. Man sagt: „Ein Wolf hat nie genug." Viele Menschen haben nie genug. Sie sind wie die Wölfe, sie haben eine Million Mark[70] und haben nicht genug.

gesund[71]—krank[72]

Wer gesund ist, hat einen gesunden Appetit und arbeitet fleißig; wer krank ist, geht zu Bett und ruft[73] den Arzt[74] (den Doktor). Ein guter Arzt macht[75] den kranken Menschen oft wieder[76] gesund. Leider[77] werden nicht alle kranken Menschen wieder gesund. Wer kein Geld hat, aber gesund ist, ist reich; wer viel Geld hat, aber krank ist, ist arm.

---

[58]**reich** rich. [59]**arm** poor. [60]**die Leute** (*plural*) people. [61]**werden** become. [62]**teuer** expensive. [63]**billig** cheap, inexpensive. [64]**das Studium** studying, attending college. [65]**wenig** little, not much. [66]**genug** enough. [67]**das Geld** money. [68]**regnen** rain; *noun*: **der Regen.** [69]**wer** who, whoever. [70]**die Mark** mark(s) (*German currency*). [71]**gesund** healthy. [72]**krank** ill. [73]**rufen** call; *noun*: **der Ruf.** [74]**der Arzt** physician. [75]**machen** make; do. [76]**wieder** again. [77]**leider** unfortunately.

rund—(die Ecke)[78]

Der Ring ist rund, der Apfel ist rund, die Mark ist rund. Eine Karte[79] ist nicht rund; sie hat vier (4) Ecken. Ein Buch hat auch vier Ecken. Ein Haus hat viele Ecken. Ein Tisch[80] kann rund sein, aber er kann auch Ecken haben.

hier—da (dort)[81]

Hier ist unser Haus, da ist unser Garten. Hier sind unsere Rosen, dort ist unser Apfelbaum.[82] Hier ist unsere Katze, dort ist unser Hund.

voll—leer[83]

Mein Glas ist ganz[84] voll. Ich trinke; mein Glas ist nicht mehr[85] ganz voll, es ist halb[86] voll oder halb leer. Ich trinke wieder; mein Glas ist nicht mehr halb voll, es ist leer, ganz leer. Mein Glas war[87] ganz voll, dann[88] war es halb voll oder halb leer, nun[89] ist es ganz leer.

[78]**die Ecke** corner. [79]**die Karte** card. [80]**der Tisch** table. [81]**da (dort)** there. [82]**der Apfel + der Baum** apple tree. [83]**leer** empty. [84]**ganz** completely. [85]**nicht mehr** no longer. [86]**halb** half. [87]**war** was. [88]**dann** then. [89]**nun** now.

allein—zusammen[90]

Karl ist allein. Er ist gern[91] allein. Er arbeitet allein und spielt allein. Paul ist nicht gern allein. Er hat Peter gern, und er ist gern mit ihm zusammen. Paul und Peter sind fast immer zusammen. Sie arbeiten zusammen und spielen zusammen.

leben[92]**—sterben**[93]

5 Einige[94] Menschen leben lang, andere[95] sterben jung. Einige leben hundert (100) Jahre, andere sterben als[96] Kinder. Alle Menschen müssen[97] sterben. Wir sind Menschen, also müssen wir sterben. So ist das Leben. Das Leben ist schwer, und auch das Sterben ist nicht leicht.

fragen[98]**—antworten**[99]

10 Ich frage: „Ist dieses[100] Auto alt?" Du antwortest: „Nein,[101] es ist ganz neu."[102] Er fragt: „Warum ist es so kalt?" Wir antworten: „Es ist Winter." Ihr fragt: „Ist Karl hier?" Sie antworten: „Nein, er ist in der Garage." „Ist das Auto teuer?" ist eine Frage. „Ja, es ist sehr teuer" ist die Antwort.

bitten[103]**—danken**[104]

15 Ich bitte Helga um das Brot;[105] ich bitte um die Butter, ich bitte um den Honig.[106] Ich sage: „Bitte, gib mir das Brot; bitte, gib mir die Butter; bitte, gib mir den Honig." Helga gibt mir das Brot. Ich danke für das Brot, ich sage: „Danke." Helga gibt mir die Butter und den Honig. Ich danke wieder und sage wieder:
20 „Danke, Helga."

der Norden, der Süden, der Osten, der Westen

Eisberge findet man im Norden. Warme Winde kommen aus dem Süden. Am Morgen[107] steht die Sonne im Osten, am Abend[108]

---

[90]**zusa'mmen** together. [91]**gern** willingly, gladly, with pleasure; **gern** + *verb* like to + *verb*; **gern haben** like. [92]**leben** live; **das Leben** life. [93]**sterben** die. [94]**einige** some, a few. [95]**andere** others. [96]**als** as. [97]**müssen** have to, must. [98]**fragen** ask; *noun*: **die Frage.** [99]**antworten** answer; *noun*: **die Antwort.** [100]**dies-** this. [101]**nein** no. [102]**neu** new. [103]**bitten um** ask for; **bitte** please. [104]**danken** thank; **danke** thanks. [105]**das Brot** bread, loaf of bread. [106]**der Honig** honey. [107]**der Morgen** morning; **am Morgen** in the morning. [108]**der Abend** evening; **am Abend** in the evening.

steht sie im Westen. Der Nordwind kommt aus dem Norden, der Südwind kommt aus dem Süden, der Westwind kommt aus dem Westen, und der Ostwind kommt aus dem Osten.

EXERCISE 4

Answer the following questions with **ja** or **nein** and a complete sentence.

1. Ist der Tiger ein Mensch?
2. Ist Helga eine Frau?
3. Sind Peter und Elke Jungen?
4. Ist der Elefant ein sehr starkes Tier?
5. Ist der Hund freundlich, wenn die Katze seine Milch trinkt?
6. Sind Eis und Schnee kalt?
7. Ist Großmutter im Kindergarten?
8. Ist Papier dünn?
9. Sind warme Wintertage selten?
10. Ist das Feuer immer warm?
11. Arbeitet die Biene fleißig?
12. Ist ein Eisberg klein?
13. Sind viele Bücher schwer?
14. Geht ein Hase schnell?
15. Ist das Studium sehr billig?
16. Ruft der kranke Mensch den Arzt?
17. Sind die Menschen selten gern allein?
18. Müssen alle Menschen sterben?

5. DIE TEILE[1] DES KÖRPERS[2]

der Kopf[3]

Der Mensch hat Haare auf dem Kopf. Einige Menschen haben langes Haar, andere haben kurzes Haar. Das Haar ist dunkel oder hell. Ältere Leute haben graues oder weißes Haar; oder sie haben kein Haar auf dem Kopf.

---

[1]**der Teil** part; *verb*: **teilen.** [2]**der Körper** body. [3]**der Kopf** head.

das Gesicht[4]

In dem Gesicht des Menschen sind zwei (2) Augen.[5] Die Augen sind schwarz, braun, blau, grau oder auch grün. Schwarze und braune Augen sind dunkel, blaue und graue Augen sind hell. In der Mitte[6] des Gesichts ist die Nase.[7] Die Nase beginnt zwischen[8] den Augen und endet über[9] dem Mund.[10] Die Nase ist zwischen den Augen und dem Mund. Der Mund hat zwei Lippen. Die Lippen des Menschen sind rot. Der Mensch ißt[11] und spricht mit dem Mund. Wer sehr viel und sehr laut[12] spricht, „hat einen großen Mund".

die Zunge[13]

Die Zunge ist im Mund. Wenn wir gesund sind, ist unsere Zunge rot; wenn wir krank sind, ist unsere Zunge grau. Wer viel Schlechtes[14] über[15] andere Menschen sagt, „hat eine scharfe[16] Zunge".

der Zahn[17]

Ein gesunder Zahn ist hart und weiß, ein kranker Zahn ist grau und dunkel. Mit kranken Zähnen gehen wir zu einem Arzt, zu

[4]**das Gesicht** face. [5]**das Auge** eye. [6]**die Mitte** middle. [7]**die Nase** nose. [8]**zwischen** between. [9]**über** over, above. [10]**der Mund** mouth. [11]**essen** eat. [12]**laut** loud(ly). [13]**die Zunge** tongue. [14]**viel Schlechtes** a lot of bad things: **viel** + *adj.* = a lot of + *adj.* + things. [15]**über** *here* about. [16]**scharf** sharp. [17]**der Zahn** tooth.

einem Zahnarzt. Viele Tiere haben scharfe Zähne. Die Zähne des Wolfes sind scharf. Ein Krokodil hat viele große, scharfe Zähne.

das Ohr[18]

Die Ohren sind an den Seiten[19] des Kopfes. Wir haben ein linkes[20] Ohr und ein rechtes[21] Ohr. Der Hase und der Esel[22] haben lange Ohren. Oft sagt man: „Die Wände[23] haben Ohren.“ 5

der Hals[24]

Der Kopf ist über dem Hals. Der Hals ist zwischen dem Kopf und der Brust.[25] Einige Tiere haben einen dicken Hals, z.B. der Elefant. Andere Tiere haben einen dünnen Hals.

der Rücken[26]

Das Pferd[27] und der Esel haben starke Rücken. Das Pferd trägt[28] einen Menschen auf dem Rücken. Wer zu viel sitzt, bekommt[29] 10 einen kranken Rücken.

die Schulter

Wir haben zwei Schultern, eine rechte Schulter und eine linke Schulter. Der Vater trägt sein kleines Kind auf den Schultern.

das Herz[30]

Das Herz ist in der Brust. Das Herz liegt[31] auf der linken Seite der Brust. Wenn wir schnell laufen, schlägt[32] das Herz schnell; 15 wenn wir schlafen,[33] schlägt das Herz langsam. Wenn das Herz still steht, sterben wir. Von einem guten Menschen sagen wir: „Er hat ein warmes Herz.“

der Arm

Wir haben zwei Arme, einen linken Arm und einen rechten Arm; zwei Hände, eine linke Hand und eine rechte Hand. An jeder[34] 20

---

[18]**das Ohr** ear. [19]**die Seite** side. [20]**link-** left. [21]**recht-** right. [22]**der Esel** jackass, donkey. [23]**die Wand** wall. [24]**der Hals** neck. [25]**die Brust** chest. [26]**der Rücken** back. [27]**das Pferd** horse. [28]**tragen** carry; wear. [29]**bekommen** get, receive. [30]**das Herz** heart. [31]**liegen** lie, be. [32]**schlagen** beat. [33]**schlafen** sleep; *noun*: **der Schlaf.** [34]**jed-** each.

Hand haben wir fünf (5) Finger. Mit dem Zeigefinger zeigen[35] wir. An dem Ringfinger tragen wir einen Ring. Man sagt: „Eine Hand wäscht die andere" oder „Er ist in guten Händen."

das Bein

Wir haben zwei Beine, ein linkes Bein und ein rechtes Bein. Wir
5 haben zwei Knie, ein linkes Knie und ein rechtes Knie. Das Knie ist in der Mitte des Beines. In Deutschland[36] sagt man nach dem ersten[37] Glas Bier oder Wein: „Auf einem Bein kann man nicht stehen", und dann trinkt man ein zweites[38] Glas. Wir haben auch zwei Füße,[39] einen linken Fuß und einen rechten Fuß. Eine Katze
10 fällt immer auf die Füße. Wenn jemand[40] viel Glück[41] im Leben hat, sagt man: „Er fällt immer auf die Füße." Wenn man gut versteht, was[42] ein Freund spricht, sagt man zu seinem Freund: „Was du sagst, hat Hand und Fuß."

EXERCISES 5

A. Answer the following questions with **ja** or **nein.**

1. Haben alle Menschen Haare auf dem Kopf?
2. Sind schwarze Augen dunkel?
3. Ist der Mund zwischen den Augen und der Nase?
4. Ist die Zunge in dem Mund?
5. Hat das Krokodil scharfe Zähne?
6. Hat der Esel kurze Ohren?
7. Trägt der Mensch das Pferd auf seinem Rücken?
8. Schlägt das Herz schnell, wenn man läuft?

B. Answer the following questions.

1. Wer hat oft graues oder weißes Haar?
2. Wieviele Augen haben die Menschen?
3. Was sagt ein Mensch mit einer scharfen Zunge?
4. Was bekommt man, wenn man zuviel sitzt?
5. Wie schlägt das Herz, wenn wir schlafen?

---

[35]**zeigen** point, show; **der Zeigefinger** index finger. [36]**Deutschland** Germany. [37]**erst-** first. [38]**zweit-** second. [39]**der Fuß** foot. [40]**jemand** someone. [41]**das Glück** luck, happiness; **Glück haben** be lucky. [42]**was** what.

6. Wieviele Finger hat eine Hand?
7. Mit welchem Finger zeigen wir?
8. Wer fällt immer auf die Füße?

C. Notice that body parts are conventionally presented starting from the top (**Kopf**) to the bottom (**Fuß**). This is a very old tradition, going back at least to the Middle Ages when medical books typically arranged symptoms according to the "head-to-foot" scheme. Expressions using body parts continue to follow this unspoken tradition. Note the last example before the exercises: we say **Hand und Fuß**, never the other way around. Can you think of any logical reason for this convention? There are many sayings involving parts of the body. Can you think of any in English?

6. HÄUFIGE VERBEN

denken[1]

Einige Menschen denken viel, andere denken wenig. Einige denken viel und tun[2] wenig, andere denken wenig und tun viel. Nicht alle Menschen sagen, was sie denken, und nicht alle denken, was sie sagen. Wenn man zu abstrakt denkt, kann man oft kein konkretes Beispiel geben. 5

sehen[3]

Wir sehen mit den Augen. Karl hat schlechte Augen, er sieht nicht gut. Er trägt eine Brille.[4] Helga hat sehr gute Augen, sie sieht alles. Wenn die Sonne scheint, trägt sie aber eine Sonnenbrille. Zu Freunden sagen wir: „Wir sehen uns wieder. Auf Wiedersehen!"[5] 10

hören[6]

Wir hören mit den Ohren. Ich höre die Nachtigall[7] singen, du hörst die Katze schreien.[8] Ich höre die Stimme[9] meiner

---

[1]**denken** think. [2]**tun** do; **machen** *can also be used in this meaning.* [3]**sehen** see. [4]**die Brille** (eye)glasses. [5]**auf Wiedersehen!** so long! see you later! *See note 10.* [6]**hören** hear. [7]**die Nachtigall** nightingale. [8]**schreien** cry, shout. [9]**die Stimme** voice.

Freundin[10] am Telefon. Wir sprechen einige Minuten, dann sagen wir: „Auf Wiederhören!"[11] Meine Freundin kann auch gut singen. Sie hat eine gute Stimme, und ich höre sie gern singen.

riechen[12]

Wir riechen mit der Nase. Das Gas riecht schlecht, frischer Kaffee riecht gut, frische Eier riechen frisch, eine Rose riecht wunderbar.[13]

schmecken[14]

Wir schmecken mit dem Mund und der Zunge. Ich schmecke den Honig; der Honig schmeckt süß.[15] Du schmeckst den Zucker;[16] der Zucker schmeckt süß. Frisches Brot mit Butter und Honig schmeckt gut.

fühlen[17]

Wir fühlen mit den Fingern, wir fühlen mit den Händen, wir fühlen mit dem ganzen Körper, wir fühlen auch mit dem Herzen. Wenn wir mit dem Herzen fühlen, sind wir glücklich[18] oder unglücklich. Ich sitze in der Sonne und fühle die Sonne mit dem ganzen Körper. Der böse Vater schlägt sein Kind und sagt: „Wer nicht hören will, muß fühlen."

---

[10]**die Freundin** (female) friend; girlfriend. *See exercise 16.B in Part Two for more examples of nouns with the suffix* **-in.** [11]**auf Wiederhören!** so long! talk to you later! (*On the telephone.*) [12]**riechen** smell. [13]**wunderbar** wonderful. [14]**schmecken** taste. [15]**süß** sweet. [16]**der Zucker** sugar. [17]**fühlen** feel. [18]**glücklich** happy; lucky.

sprechen

Wir sprechen mit der Zunge. Ich spreche die Sprache meines Vaters oder meiner Mutter. Wir sprechen deutsch. Deutsch ist unsere Muttersprache. Du sprichst englisch. Englisch ist deine Muttersprache. Wir sprechen zu laut, wir sprechen zu wenig, wir sprechen zu viel usw. 5

schreien

Einige Menschen sprechen sehr laut; sie schreien. Nicht nur[19] Menschen schreien, auch einige Tiere schreien. Der Esel schreit. Kleine Kinder schreien oft. Wenn sie zu viel schreien, dann schreit auch der Vater oder die Mutter.

rufen

Karl und Paul sind nicht hier. Die Mutter will mit ihnen sprechen. 10 Die Mutter ruft. Sie ruft: „Karl, was tust du?" Karl ruft zurück:[20] „Ich tue nichts,[21] Mutter."—„Und was tut Paul?" ruft die Mutter wieder. „Paul hilft[22] mir", ruft Karl zurück.

gehen—fahren[23]

Peter geht gern zu Fuß.[24] Er geht zur Schule, zur Universität, in den Garten. Am Morgen gehen Christa und Paul zur Arbeit, am 15 Abend kommen sie wieder nach Hause.[25] Wer nicht gern zu Fuß geht, kann mit dem Auto fahren. Man kann auch mit dem Bus oder dem Zug[26] fahren. Wenn Paul von Berlin nach München[27] kommen will, fährt er mit dem Zug. Christa fährt aber mit ihrem Auto. Christas Auto ist neu, und sie fährt immer mit dem Auto 20 und geht nie zu Fuß.

tragen

Die Mutter trägt das kleine Kind auf dem Rücken. Ich trage ein Buch in der Hand, du trägst die Äpfel ins Haus, er trägt einen schweren Tisch auf den Schultern. Das Pferd trägt einen Men-

---

[19]**nur** only. [20]**zurü'ck** back. [21]**nichts** nothing. [22]**helfen** help. [23]**fahren** go, travel. [24]**zu Fuß gehen** walk. [25]**nach Hause** home. [26]**der Zug** train. [27]**München** Munich.

schen auf dem Rücken. Peter trägt eine Brille. Christa trägt einen Ring.

geben—nehmen[28]

Wir geben und nehmen mit den Händen. Ich gebe ihm ein Buch. Er gibt mir nichts. Der Professor gibt den Studenten viel zu tun,
5 dann müssen die Studenten schwer arbeiten. Der Vater gibt der Studentin Geld. Man sagt: „Geben ist besser[29] als[30] Nehmen." Die Studentin nimmt das Geld und denkt: „Nehmen ist auch nicht schlecht."

EXERCISES 6

A. Answer the following questions with **ja** or **nein.**

1. Sagen alle Menschen, was sie denken?
2. Singt die Katze besser als die Nachtigall?
3. Singen Sie gern?
4. Haben Sie eine gute Stimme?
5. Schmeckt frisches Brot gut?
6. Sprechen Sie gut deutsch?
7. Ist Deutsch Ihre Muttersprache?
8. Gehen Sie gern zu Fuß?
9. Fahren Sie gern mit dem Auto?
10. Gibt Ihnen Ihr Professor genug zu tun?

B. Make up ten assertions that are true using the questions from A. Some of these might be identical to positive answers you gave, but others will need to be changed in order to be true.

C. Answer the following questions.

1. Welche Menschen tragen eine Brille?
2. Wie sagt man „auf Wiedersehen" am Telefon?
3. Wie riecht frischer Kaffee?
4. Wie schmeckt der Honig?
5. Was ist Ihre Muttersprache?
6. Wie kann man von Berlin nach München fahren?
7. Wie tragen Sie Ihre Bücher?
8. Was trägt man auf den Fingern?

---

[28]**nehmen** take. [29]**besser** better. [30]**als** *here* than.

7. DIE ZAHL

Eins (1) ist eine Zahl, zwei (2) ist eine Zahl, drei (3) ist eine Zahl; eins, zwei und drei sind Zahlen.

Ich zähle[1] von[2] eins (1) bis[3] zehn (10): eins, zwei, drei, vier (4), fünf (5), sechs (6), sieben (7), acht (8), neun (9), zehn.

Ich zähle von zehn bis zwanzig (20): zehn, elf (11), zwölf (12), 5 dreizehn, vierzehn, fünfzehn, sechzehn, siebzehn, achtzehn, neunzehn, zwanzig.

Ich zähle von zwanzig bis dreißig (30): einundzwanzig, zweiundzwanzig, dreiundzwanzig, vierundzwanzig, fünfundzwanzig usw. 10

Ich zähle von zehn bis hundert (100): zehn, zwanzig, dreißig, vierzig, fünfzig, sechzig, siebzig, achtzig, neunzig, hundert.

Ich zähle von hundert bis tausend (1000): hundert, zweihundert, dreihundert usw.

Ich zähle von tausend bis zehntausend: tausend, zweitausend, 15 dreitausend usw.

Ich zähle von zehntausend bis hunderttausend: zehntausend, zwanzigtausend, dreißigtausend usw.

Ich zähle von hunderttausend bis eine Million: hunderttausend, zweihunderttausend usw. 20

Einmal[4] eins ist eins. Zweimal zwei ist vier. Dreimal drei ist neun. Viermal vier ist sechzehn. Fünfmal fünf ist fünfundzwanzig usw.

8. DIE ORDNUNGSZAHL[5]

The first heißt[6] auf deutsch „der erste". The *third* heißt auf deutsch „der dritte". Zum Beispiel: der erste Oktober, der dritte Oktober, 25 der erste Dezember, der dritte Dezember usw.

Von zwei bis neunzehn hängt man **-te** an die Zahl und bekommt so die Ordnungszahl: erste, zweite, dritte, vierte, fünfte, sechste, siebte (oder siebente), achte, neunte, zehnte, elfte, zwölfte, dreizehnte, vierzehnte, fünfzehnte, sechzehnte, siebzehnte, acht- 30 zehnte, neunzehnte.

---

[1]**zählen** count. [2]**von** from, of. [3]**bis** until, as far as, to. [4]**einmal** once; **-mal** times. [5]**die Ordnungszahl** ordinal number. [6]**heißen** be called, be named, mean.

Von zwanzig an hängt man **-ste** an die Zahl und bekommt so die Ordnungszahl. Zum Beispiel: zwanzigste, einundzwanzigste, zweiundzwanzigste, dreiundzwanzigste, vierundzwanzigste, fünfundzwanzigste und so weiter; dreißigste, vierzigste, fünfzigste und 5 so weiter; hundertste, tausendste, millionste usw.

EXERCISES 7–8

A. Practice reading these numbers.

1.	1	7	8	5	9	3	2	4	6
2.	19	11	13	18	12	15	16	17	14
3.	10	30	50	90	80	70	20	40	60
4.	23	21	29	27	28	22	25	26	24
5.	33	87	93	95	37	42	56	71	66
6.	203	101	980	873	766	373	588	444	632
7.	2013	2131	1990	4333	5011	6729	9365	7123	1832

B. Take the first two rows of numbers from A and make the corresponding ordinal numbers for the days of October, e.g., *1*: **der erste Oktober**; *7*: **der siebte Oktober.**

C. The German way of counting corresponds to an earlier system used in English. Think about the *four and twenty* blackbirds of the nursery rime. Can you think of any other examples in old-fashioned English?

9. DER TAG

Der Tag und die Nacht haben zusammen vierundzwanzig Stunden.[1] Eine Stunde hat sechzig Minuten. Eine Minute hat sechzig Sekunden.

Der erste Teil des Tages ist der Morgen oder der Vormittag, 10 der zweite Teil ist der Mittag,[2] der dritte Teil ist der Nachmittag, der vierte Teil ist der Abend, und der fünfte Teil ist die Nacht.

---

[1]**die Stunde** hour. [2]**der Mittag** noon.

Der Vormittag ist für manche[3] Leute viele Stunden lang, wenn man aber bis zum Mittag schläft, ist der Vormittag sehr kurz. Der Mittag liegt in der Mitte des Tages. Nach dem Mittag kommt der Nachmittag. Nach dem Nachmittag kommt der Abend, und nach dem Abend kommt die Nacht. Viele Leute schlafen in der Nacht, 5 aber manche Leute schlafen wenig in der Nacht, denn sie haben viel zu tun.

Am Morgen essen wir Frühstück,[4] am Mittag essen wir unser Mittagessen,[5] am Abend essen wir unser Abendessen.

Am Morgen sagen wir: „Guten Morgen, haben Sie gut 10 geschlafen?"[6] Am Nachmittag sagen wir: „Guten Tag!" Am Abend sagen wir: „Guten Abend!" Wenn wir zu Bett gehen, sagen wir: „Gute Nacht, schlafen Sie gut!"

10. DIE TAGE DER WOCHE[7]

Die Tage der Woche heiβen Montag, Dienstag, Mittwoch, Donnerstag, Freitag, Samstag (oder Sonnabend) und Sonntag. Der 15 erste Tag der Woche heiβt Montag, der zweite Tag der Woche heiβt Dienstag, der dritte Mittwoch, der vierte Donnerstag, der fünfte Freitag, der sechste Samstag (oder Sonnabend) und der siebente und letzte Sonntag.

Heute[8] ist Dienstag, gestern[9] war Montag und morgen[10] ist 20 Mittwoch. Heute ist ein Wochentag, gestern war auch ein Wo-

---

[3]**manch-** some. [4]**das Frühstück** breakfast. [5]**das Essen** meal; **das Mittagessen** noon meal; **das Abendessen** evening meal. [6]**geschlafen** slept. [7]**die Woche** week. [8]**heute** today. [9]**gestern** yesterday. [10]**morgen** tomorrow.

chentag, morgen wird wieder ein Wochentag sein. Alle Wochentage sind Arbeitstage. Das Wochenende ist am Samstag und am Sonntag. Montag bis Freitag sind schwere Tage; Samstag und Sonntag sind gute Tage. Am Wochenende können wir lange schla-
5 fen, tanzen,[11] Bier trinken, wandern, faul sein usw.

11. DIE MONATE

Die Monate heiβen Januar, Februar, März, Apríl, Mai, Juni, Juli, Augúst, Septémber, Oktōber, Novémber und Dezémber. Der erste Monat heiβt Januar, der dritte heiβt März, und der letzte heiβt Dezember. Für die Kinder ist der letzte Monat der beste, denn
10 am fünfundzwanzigsten Dezember ist Weihnachten.

Ein Monat hat dreiβig oder einunddreiβig Tage. Sieben Monate haben einunddreiβig Tage, vier Monate haben dreiβig Tage, und der Monat Februar hat achtundzwanzig oder neunundzwanzig Tage.

15 Für die Studenten in Deutschland ist die erste Woche des Monats die beste Woche, und die letzte Woche ist die schlechteste Woche. In der ersten Woche hat der Student Geld, in der letzten Woche hat er Hunger.

Man sagt:
20 Wenn im Januar der Winter nicht kommen will,
kommt er im März und im April.
Oder auch:
Was der März nicht will, nimmt der April.

EXERCISES 9–11

A. Are these statements **richtig** or **falsch** ?

1. Der Tag und die Nacht haben zusammen 24 Stunden.
2. Eine Stunde hat 50 Minuten.
3. Der Tag beginnt mit dem Morgen.
4. Die Mitte des Tages heiβt der Nachmittag.

[11]**tanzen** dance.

5. Man ißt Frühstück am Abend.
6. Die Woche hat sieben Tage.
7. Die Woche hat vier Arbeitstage.
8. Januar ist der erste Monat des Jahres.
9. Februar ist der kürzeste Monat.
10. April hat 31 Tage.

B. Answer the following questions.

1. Schlafen Sie gern am Morgen?
2. Essen Sie gern Frühstück?
3. Arbeiten Sie am Tag oder in der Nacht?
4. Was machen Sie am Nachmittag?
5. Essen Sie ein großes Mittagessen?
6. Haben Sie Montag gern?
7. Was machen Sie gern am Wochenende?
8. Wieviele Tage hat Februar in diesem Jahr?
9. Welche Monate haben 31 Tage?
10. Warum haben die Kinder den Dezember gern?

C. Most of the names of the weekdays derive in one way or another from pagan Germanic gods or objects of worship in German and English, one of the few remnants in our languages of this ancient heritage. Early Germanic tribesmen modeled the names on the Roman days of the week, thus *dies solis* became **sunnandag** (*sun's day* > *Sunday*/**Sonntag**). Can you figure out any of the other relationships in the days of the week? Be warned, though, that there have been some changes, such as the substitution of midweek (**Mittwoch**) *for* **wodansdag** (Odin's Day > Wednesday) in German.

12. DIE UHR[1] UND DIE ZEIT[2]

Viele Leute haben eine Uhr. Die Uhr hat zwei oder drei Zeiger.[3] Der kleine Zeiger ist der Stundenzeiger. Der Stundenzeiger zeigt die Stunden. Der große Zeiger ist der Minutenzeiger. Der Minutenzeiger zeigt die Minuten. Der dritte Zeiger ist der Sekundenzeiger. Der Sekundenzeiger zeigt die Sekunden. Manche 5 modernen Uhren zeigen die Zeit mit Zahlen; sie haben keine Zeiger.

---

[1]**die Uhr** watch, clock. [2]**die Zeit** time. [3]**der Zeiger** hand (*of a clock*), pointer.

Neben[4] dem Bett auf einem kleinen Tisch steht oft ein Wecker.[5] Ein Wecker ist eine Uhr, aber keine gute Uhr. Er weckt uns aus dem besten Schlaf. Karls Wecker ist sehr laut. Er weckt die ganze Familie, aber er weckt Karl nicht. Wenn er Karl weckt, sagt Karl: „Wie schön[6] ist es im Bett", und dann schläft er weiter. Die Familie sagt: „Zu Weihnachten geben wir Karl einen elektrischen Wecker."

Wenn wir nicht wissen,[7] wie spät[8] es ist, fragen wir: „Wie spät ist es?" oder „Wieviel Uhr ist es?" Die Antwort ist:

Es ist ein Uhr; es ist fünf Minuten nach[9] zwei; es ist zehn Minuten nach drei; es ist Viertel[10] nach vier; es ist zwanzig nach fünf; es ist halb sieben;[11] es ist Viertel nach acht (acht Uhr fünfzehn); es ist fünf vor[12] halb acht (sieben Uhr fünfundzwanzig); es ist fünf nach halb drei (zwei Uhr fünfunddreißig); es ist zwanzig vor neun; es ist Viertel vor zehn; es ist zehn vor elf; es ist fünf vor zwölf; es ist zwölf Uhr.

Eine Uhr geht oft zu schnell oder zu langsam. Wenn sie zu schnell geht, sagen wir: „Diese Uhr geht vor."[13] Wenn sie zu langsam geht, sagen wir: „Diese Uhr geht nach." Wenn eine Uhr vorgeht oder nachgeht, geht sie falsch.[14] Wenn eine Uhr nicht vorgeht und nicht nachgeht, geht sie nicht falsch, sondern richtig.[15] Wenn eine Uhr immer richtig geht, sagen wir: „Eine wunderbare Uhr!" Wenn eine Uhr immer falsch geht, sagen wir zum Vater oder zur Mutter: „Meine Uhr ist sehr schlecht, und am fünfundzwanzigsten Dezember ist Weihnachten." Wenn eine Uhr nicht geht, sagen wir: „Diese Uhr steht."

---

[4]**neben** next to. [5]**der Wecker** alarm clock; **wecken** wake (someone) up. [6]**schön** nice, beautiful. [7]**wissen** know. [8]**spät** late. **Wie spät ist es? = Wieviel Uhr ist es?** What time is it? [9]**nach** after. [10]**das Viertel** quarter (one-fourth). [11]**es ist halb sieben** it is half past six. [12]**vor** before, in front of, *here* to. [13]**die Uhr geht vor (nach)** the clock is fast (slow); **vorgehen** be fast, **nachgehen** be slow (*with reference to clocks and watches*). [14]**falsch** wrong(ly). [15]**richtig** correct(ly).

EXERCISES 12

A. Answer these questions about yourself.

1. Hat Ihre Uhr Zeiger?
2. Wieviel Uhr ist es jetzt?
3. Geht Ihre Uhr richtig?
4. Wie alt ist Ihre Uhr?
5. Wollen Sie eine neue Uhr zu Weihnachten bekommen?
6. Haben Sie einen Wecker?

B. Official time in German-speaking countries is kept with the twenty-four-hour clock. Hence a lecture at **13.45** would be at **dreizehn Uhr fünfundvierzig**. Practice the following expressions using the twenty-four-hour clock.

20.40	22.35	22.50
15.10	18.30	23.15
16.42	17.50	12.55
19.15	14.32	18.10
20.45	13.42	19.20
21.16	18.35	20.25

C. Now assume that someone is asking you what time it is. Tell them each of these times, using the casual expressions you learned in this section, e.g., for **20.40** you might say **zwanzig vor neun.**

13. DAS JAHR

Das Jahr hat zwölf Monate, zweiundfünfzig Wochen, dreihundertfünfundsechzig oder dreihundertsechsundsechzig Tage. Das Jahr hat vier Jahreszeiten.[1] Die Jahreszeiten heiβen Frühling, Sommer, Herbst und Winter.

Das Jahr beginnt am ersten Januar. Am ersten Januar ist Neujahr. Am einundzwanzigsten März ist der Tag so lang wie die Nacht. An diesem Tag ist das Ende des Winters und der Anfang[2] (der Beginn) des Frühlings. Am einundzwanzigsten Juni ist das Ende des Frühlings und der Anfang des Sommers. Dieser Tag ist der längste Tag des Jahres. Am einundzwanzigsten September ist

[1]**die Jahreszeit** season. [2]**der Anfang** beginning.

das Ende des Sommers und der Anfang des Herbstes. Am einundzwanzigsten Dezember ist das Ende des Herbstes und der Anfang des Winters. Der einundzwanzigste Dezember ist der kürzeste Tag des Jahres. Am einunddreißigsten Dezember endet das 5 Jahr.

14. DER FRÜHLING

Der kalte Winter ist zu Ende.[3] Der Frühling ist da. Die Tage werden länger. Die Sonne scheint warm. Unsere schönen Bäume im Garten zeigen frische, junge Blätter.[4] Im Park sieht man grünes Gras. Der Himmel ist blau, die Luft[5] ist mild und warm, im Wald[6] 10 singt die Nachtigall. Die Erde[7] beginnt ein neues Leben. Tiere und Menschen sind glücklich. Die Menschen kommen aus ihren Häusern und wandern im Wald.

Die Bienen fliegen[8] aus ihren kleinen Häusern. Sie fliegen in die Gärten und die Felder,[9] sie fliegen zu ihrer Arbeit. In wenigen 15 Monaten essen wir ihren süßen Honig.

Es wird dunkler. Ein frischer Wind kommt aus dem Westen. Der Himmel wird grau. Regnet es? Ja, es regnet. Wir sind im April; im April regnet es oft.

15. DER SOMMER

Der Frühling ist zu Ende. Wir sind im Juni. Es ist heiß.[10] Die Luft 20 ist heiß, die Erde ist heiß, die Häuser sind heiß, und nur im Wald, im Wasser[11] oder in den hohen[12] Bergen[13] ist es kühl.[14] Am Wochenende sind die Städte[15] leer. Die Schule hat Ferien.[16] Oft fährt die ganze Familie in die Ferien. Wer viel Geld hat, hat ein Wochenendhaus. Wer kein Geld hat, geht schwimmen, so oft er kann, 25 und arbeitet, so wenig er kann. Wenn man Glück hat, hat die Stadt ein Schwimmbad.[17] Dort sieht man viele Studenten und Studentinnen, denn in Deutschland geht das Semester bis Juli.

---

[3]**zu Ende** over, past. [4]**das Blatt** leaf. [5]**die Luft** air. [6]**der Wald** forest, woods. [7]**die Erde** earth. [8]**fliegen** fly. [9]**das Feld** field. [10]**heiß** hot. [11]**das Wasser** water. [12]**hoh-** *inflected form of* **hoch** high. [13]**der Berg** mountain. [14]**kühl** cool. [15]**die Stadt** city, town. [16]**die Ferien** (*plural*) vacation; **in die Ferien fahren** go on vacation. [17]**das Schwimmbad** swimming pool.

An den heiβen Sommertagen sitzen viele Menschen im Park. Alle warten auf[18] Regen, alle warten auf kühles Wetter. Nach dem Regen sind Tiere und Menschen glücklich, aber nicht lange, denn sehr bald[19] wird es wieder heiβ.

16. DER HERBST

Im Herbst werden die Tage kürzer, die Abende werden länger, die Nächte werden kühler. Die Blätter auf den Bäumen werden rot, braun oder gelb. Ein Blatt nach dem anderen fällt zur Erde. Bald kommt der Dezember. Bald haben die Bäume keine Blätter mehr.[20]

Im Herbst fliegt die Nachtigall zurück in die wärmeren Länder des Südens. Wir hören sie nicht mehr im Wald singen.

Der Apfelbaum im Garten hängt voll von schönen, roten Äpfeln. Der Wind wird stärker, und viele Äpfel fallen zur Erde. Die Kinder tragen die Äpfel ins Haus und legen[21] sie in den Keller.[22]

Die Luft ist frisch und kühl. Die langen, heiβen Sommertage sind zu Ende. Die Ferien sind auch zu Ende. Die Menschen fahren wieder nach Hause. Die Menschen können wieder arbeiten und schlafen.

---

[18]**warten auf** wait for. [19]**bald** soon. [20]**keine Blätter mehr** no more leaves: **kein . . . mehr** no more. . . . [21]**legen** lay, put. [22]**der Keller** basement, cellar.

17. DER WINTER

Heute ist der zwanzigste Dezember, morgen beginnt der Winter. Man fühlt den kalten Nordwind auf den Straßen[23] der Stadt. Hoher[24] Schnee liegt auf den Straßen und Häusern der Stadt und auch auf allen Bergen.

5 Der Himmel wird grau. Bald bekommen wir noch[25] mehr Schnee, noch mehr Eis und noch mehr kaltes Wetter. Aber auch der Winter ist schön. Für die Kinder ist nichts schöner als Weihnachten. Für viele ältere Leute ist nichts schöner als ein gutes Buch bei einem warmen Feuer im Wohnzimmer.[26] Manche sitzen
10 aber gern zu Hause[27] vor dem Fernseher.[28]

EXERCISES 13–17

A. Answer the following questions.

1. Wieviele Monate und Wochen hat ein Jahr?
2. Was sind die Namen der vier Jahreszeiten?
3. An welchem Tag beginnt der Frühling?
4. Warum hat man den Frühling so gern?
5. Welcher Tag ist der längste Tag des Jahres?
6. Was machen viele Menschen am Wochenende im Sommer?
7. Wo [*where*] ist es im Sommer kühl?
8. Was fällt im Herbst von den Bäumen?
9. Was liegt im Winter oft auf den Straßen?
10. Welche Monate sind die kältesten in Nordamerika?

B. Answer these questions about yourself.

1. Welche Jahreszeiten haben Sie gern?
2. Gehen Sie oft schwimmen?
3. Schlafen Sie länger im Winter als im Sommer?
4. Essen Sie gern Äpfel?
5. Bis wann geht das Semester an Ihrer Universität?
6. In welchem Monat regnet es sehr viel?
7. Sitzen Sie gern bei einem warmen Feuer im Winter?
8. Spielen Sie gern im Schnee?

---

[23]**die Straße** street. [24]**hoher** *here* deep. [25]**noch** still, even. [26]**das Wohnzimmer** living room. [27]**zu Hause** at home. [28]**der Fernseher** television set.

9. Was machen Sie, wenn es regnet?
10. Was machen Sie gern in den Winterferien?

C. In German courses, our views of the seasons are conditioned by the prevailing climate in German-speaking countries. Perhaps it seldom or never snows where you live. For those in the southern hemisphere, the whole relationship of months and seasons is reversed. What are some of the other cultural biases common to German-language courses? Reread what the book says about directions and winds in Section 4 and the statements about rain in Sections 13–17. Do these apply everywhere in the world? Here are some questions you might answer differently or use with classmates from other parts of the world. Perhaps you can come up with some more.

1. In welcher Jahreszeit regnet es viel bei Ihnen zu Hause?
2. Kommen warme Winde bei Ihnen zu Hause aus dem Süden?
3. Was sind die Sommermonate bei Ihnen zu Hause?
4. Haben Sie oft viel Schnee im Winter?
5. Regnet es viel bei Ihnen?

18. DIE FAMILIE

Ich habe einen Vater und eine Mutter. Der Vater und die Mutter sind meine Eltern.[1] Ich habe auch einen Groβvater und eine Groβmutter. Mein Groβvater und meine Groβmutter sind meine Groβeltern. Meine Groβeltern von Mutters Seite leben noch. Meine Groβeltern von Vaters Seite leben nicht mehr. 5

Meine Eltern haben drei Kinder, zwei Töchter und einen Sohn. Der Sohn ist mein kleiner Bruder, eine Tochter bin ich, die andere ist meine Schwester; das heiβt,[2] mein Bruder hat zwei Schwestern, und ich habe nur einen Bruder.

Der Bruder meines Vaters oder meiner Mutter ist mein Onkel. 10 Die Schwester meines Vaters oder meiner Mutter ist meine Tante. Ich habe nur einen Onkel. Mein Onkel ist der Bruder meines Vaters. Ich habe zwei Tanten. Eine Tante ist die Frau meines Onkels, und die andere ist die Schwester meiner Mutter. Diese Tante hat zwei Kinder. 15

---

[1]**die Eltern** parents. [2]**das heiβt (d.h.)** that is to say, i.e.

Die Kinder meiner Tante sind mein Vetter[3] und meine Kusine.[4] Mein Vetter ist so alt wie ich; meine Kusine ist noch sehr klein und geht in einen Kindergarten. Mein Vetter und meine Kusine sehen ihre Mutter jeden Tag, aber sie sehen ihren Vater nicht so oft. Ihr Vater hat eine neue Familie. Wir alle, d.h., mein Vetter, meine Kusine, mein kleiner Bruder, meine Schwester und ich, sind gute Freunde.

19. DAS HAUS

Unser Haus hat sieben Zimmer,[5] einen groβen Keller und eine Garage. Wir haben ein Wohnzimmer, ein Eβzimmer, drei Schlafzimmer, ein Badezimmer, ein Arbeitszimmer[6] und eine Küche.[7] Im Wohnzimmer sitzen wir vor dem Feuer. Im Eβzimmer essen wir. Im Badezimmer ist das Bad[8] und die Toilette. In der Küche kochen[9] wir.

Mein Schlafzimmer ist groβ und hell. Es hat drei hohe Fenster[10] und liegt nach dem Garten.[11] Am Morgen scheint die warme Sonne auf mein Bett neben dem Fenster. Im Arbeitszimmer arbeite ich oft. In der Mitte des Zimmers steht ein groβer Tisch, ein Schreibtisch.[12] An dem Schreibtisch schreibe ich meine Arbeiten[13] für die Schule. Wenn die Arbeiten schwer sind, müssen meine Eltern helfen.

An der einen Wand hängen Bilder,[14] an den anderen Wänden stehen Bücher. In der Ecke steht ein Fernseher. Meine Schwester und mein Vater sitzen oft vor dem Fernseher. Meine Mutter liest[15] gern Bücher, wenn sie Zeit hat. Oft liest sie bis spät in die Nacht, und am nächsten[16] Morgen muβ mein Vater das Frühstück machen. Mein Vater ist oft in der Küche, denn er kocht gern und auch sehr gut.

Neben dem Haus ist die Garage. Eine Tür[17] geht von der Küche in die Garage. In der Garage steht unser Auto. Nach dem

---

[3]**der Vetter** cousin (*male*). [4]**die Kusi'ne** cousin (*female*). [5]**das Zimmer** room. [6]**das Arbeitszimmer** study, den, work room. [7]**die Küche** kitchen. [8]**das Bad** bath, bathroom; *verb:* **baden.** [9]**kochen** cook. [10]**das Fenster** window. [11]**es liegt nach dem Garten** it faces the garden. [12]**der Schreibtisch** desk. [13]**die Arbeit** *here* written work, paper (*for school*). [14]**das Bild** picture. [15]**lesen** read. [16]**nächst-** next. [17]**die Tür** door.

Frühstück gehen die Kinder zur Schule, und Vater und Mutter fahren in die Stadt zur Arbeit.

20. DER GARTEN UND DER PARK

Hinter[18] unserem Haus liegt ein Garten. In unserem Garten sind viele schöne Blumen,[19] einige Apfelbäume und viel gutes Gemüse.[20] Von allen Blumen hat mein Vater die Rosen am liebsten,[21] und so haben wir die schönsten Rosen, weiße, gelbe und rote. Mein Vater und meine Mutter arbeiten oft im Garten, und dann haben wir schöne Blumen auf dem Schreibtisch und auf dem Tisch im Eßzimmer. Im Herbst müssen wir alle im Garten bei[22] der Arbeit helfen.

In der Mitte des Gartens ist ein kleiner Teich.[23] In dem Teich schwimmen viele Goldfische. Unsere Katzen sind die besten Freunde der Goldfische. Sie sitzen am Teich und warten, bis ein Goldfisch zu nahe[24] kommt; wenn er zu nahe kommt, muß er sterben. Jeden Oktober bringen wir die Goldfische ins Haus, denn das Wasser ist im Winter zu kalt.

Ein Teil unseres Gartens ist nur für Gemüse. In unserer Familie ißt man Gemüse gern. Wir essen Gemüse lieber als[25] Fleisch und es ist auch billiger. Mein Vater ißt nicht so viel wie ich. Er sagt: „Viele Menschen essen zu viel, und manche Menschen sterben an[26] ihrem guten Appetit."

Nicht alle Leute haben einen Garten. Sie gehen oft in den Stadtpark. Dort sehen sie auch viele schöne Bäume und Blumen. Die Kinder spielen gern im Park, die Eltern sitzen im grünen Gras mit ihren Kameras und machen Bilder von den Kindern. Dann geben sie den Großeltern Kopien der Bilder. Manche Studenten und Studentinnen bringen ihre Bücher in den Park, aber sie lesen die Bücher nicht immer. So kann das Studium leicht sein.

[18]**hinter** behind. [19]**die Blume** flower. [20]**das Gemüse** vegetables. [21]**am liebsten haben** like best of all. **Am liebsten** *is the superlative of* **gern** ; *the comparative is* **lieber** . *Thus* **lieber haben** *means* prefer, **lieber essen** *means* prefer to eat, *and* **lieber essen als . . .** *means* eat in preference to. . . . [22]**bei** *here* with. [23]**der Teich** pond. [24]**nahe** near. [25]**lieber als** *see note 21.* [26]**sterben an** die of.

EXERCISES 18–20

A. Answer the following questions about yourself. If you prefer not to reveal personal information in class, you can of course create a fictional biography for yourself. What you say is your business, just do it in good German!

1. Haben Sie eine große Familie?
2. Leben Ihre Großeltern noch?
3. Haben Sie Brüder oder Schwestern?
4. Wollen Sie eine große Familie haben?
5. Wieviele Kusinen und Vetter haben Sie?
6. Wieviele Tanten und Onkel haben Sie?
7. Leben Ihre Eltern zusammen?
8. Hat Ihre Familie ein großes Haus?
9. Wieviele Schlafzimmer hat das Haus?
10. Haben Sie einen Garten?
11. Liegt Ihr Zimmer nach der Straße oder nach dem Garten?
12. Arbeiten Sie gern im Garten?
13. Sitzen Sie gern vor dem Fernseher?
14. Fahren Sie gern Auto?
15. Welche Rosen haben Sie am liebsten, die weißen, die gelben oder die roten?
16. Essen Sie lieber Gemüse als Fleisch?
17. Haben Sie eine Kamera?
18. Machen Sie gern Bilder?
19. Machen Sie Kopien Ihrer Bilder für Ihre Eltern?
20. Gehen Sie oft in den Park?

B. Now that you have answered twenty questions, use your answers as the basis for a connected story or essay about yourself (or the person you have created).

21. DIE STADT

Viele Menschen haben ein Auto, aber man braucht[1] kein Auto, wenn man in der Stadt lebt. Man kann z.B. mit dem Bus oder mit einem Taxi fahren. In Deutschland fahren viele schnelle und gute Züge von einer Stadt zur anderen. Man fährt in wenigen

---

[1]**brauchen** need.

Stunden von München nach Berlin. Jede Stadt hat einen Bahnhof,[2] und die Busse fahren vom Bahnhof zu allen Teilen der Stadt.

Wer von Amerika nach Deutschland fliegt, nimmt ein Zimmer in einem billigen oder in einem teuren, modernen Hotel. Viele Leute gehen am Tag ins Museum. Dort hängen viele Bilder an den Wänden. Nicht alle Leute verstehen die abstrakten Bilder. Man braucht nicht alle Bilder zu verstehen. Am Abend gehen die Leute ins Restaurant, ins Theater, ins Konzert. Im Restaurant essen sie ein gutes Abendessen, z.B. Fleisch oder Fisch und Gemüse. Sie trinken ein Glas Wein oder Bier. Nach dem Essen trinken sie Kaffee oder Tee. Wer Musik gern hat, geht ins Konzert. Manche gehen lieber tanzen oder machen Sport. Man kann auch ins Theater gehen, aber viele junge Leute gehen lieber ins Kino,[3] wenn es einen guten Film gibt.[4]

22. DAS BÜRO[5]

In der Mitte der Stadt sind viele hohe Häuser. In den Häusern arbeiten viele jüngere und ältere Leute. Manche arbeiten für Ärzte oder Zahnärzte, andere arbeiten in einem Büro. Elkes Vater arbeitet in einem großen Büro. Er sitzt oft an seinem Schreibtisch. Auf dem Schreibtisch steht sein Telefon und auch ein Bild von seiner Familie. Neben dem Schreibtisch ist ein kleiner Tisch mit einem neuen Computer. Elkes Vater arbeitet gern mit dem Computer. Er schreibt auch Computerprogramme, aber manchmal kann er seine Disketten nicht finden, und dann wird er böse. Das Büro hat vier hohe Wände. An zwei Wänden hängen Bilder und Karten,[6] an der dritten Wand stehen viele Bücher und die vierte Wand ist ein großes Fenster. Durch das Fenster kann man die Autos und die Menschen auf der lauten Straße sehen. Im Büro ist es auch nie still, man hört oft das Telefon oder den Computer.

---

[2]**der Bahnhof** railroad station. [3]**das Kino** movie theater; **ins Kino gehen** go to the movies. [4]**es gibt** there is, there are. [5]**das Büro** office. [6]**die Karte** *here* map; *a* **Karte** *can also be, e.g., a* ticket.

23. DIE SCHULE

Elke ist siebzehn Jahre alt. Sie ist in der zwölften Klasse. Die Schule beginnt um acht Uhr und endet um ein Uhr. Nach der Schule geht Elke nach Hause. Sie kocht das Mittagessen für ihren kleinen Bruder, denn die Mutter arbeitet in der Stadt und ist nicht zu
5 Hause. Elke hat drei Lehrer[7] und zwei Lehrerinnen. Sie bekommt jeden Tag viel Arbeit. Am Nachmittag muß sie die Schularbeiten machen. Wenn Elke zu faul ist und ihre Arbeiten nicht gut macht, kann sie nicht studieren.[8] Sie hat selten Zeit, ins Kino zu gehen. Sie will Medizin studieren. Sie will Ärztin werden.

24. DIE UNIVERSITÄT

10 Manche Universitäten in Deutschland sind viele hundert Jahre alt, andere sind ganz neu und sehr modern. Viele Kurse sind Vorlesungen[9] mit einigen hundert Studenten. Das ist ein Problem für die Studenten, denn die Professoren kennen[10] sie oft nicht. Leider gibt es nicht genug kleine Kurse.

15 Der Professor oder die Professorin beginnt die Vorlesung mit den Worten: „In diesem Semester wollen wir die moderne deutsche Literatur studieren." Wenn die Vorlesung zu abstrakt wird, kommen die Studenten nicht mehr oder sie schlafen in der Vorlesung. Konkrete Beispiele machen es leichter, die Vorlesung zu
20 verstehen. Am Endes des Semesters muß man oft eine große Arbeit schreiben. Nach neun oder zehn Semestern macht man Examen,[11] wenn man Lehrer oder Lehrerin werden will, oder man schreibt eine Doktorarbeit. Dann heißt man „Herr Doktor" oder „Frau Doktor".

---

[7]**der Lehrer, die Lehrerin** teacher; *verb*: **lehren.** [8]**studie'ren** study, go to college. [9]**die Vorlesung** lecture. [10]**kennen** know, be acquainted with. [11]**Exa'men machen** take final examinations (*on completing university studies*).

EXERCISES 21–24

A. Indicate whether the following statements apply to you by saying **ja** and repeating the sentence, or **nein** and negating it.

1. Ich fahre gern mit dem Auto, lieber mit dem Bus und am liebsten mit dem Zug.
2. Ich esse nur in billigen Restaurants.
3. Ich trinke kein Bier oder Wein. Ich bin zu jung.
4. Ich trinke lieber Kaffee als Tee, aber meine Freunde trinken alle Tee.
5. Ich höre gern Musik, aber ich gehe selten ins Konzert.
6. Ich brauche ein Auto, aber ich habe nicht genug Geld.
7. Meine Freundinnen gehen lieber ins Kino als ins Theater.
8. Mein Freund kann gut kochen.
9. Meine Mutter arbeitet in einem großen Büro.
10. Ich habe keinen Computer, aber ich brauche einen.

B. Here is a short text about some features of German universities. It uses a few words not in this book, but you ought to be able to understand and discuss it anyway.

Deutsche Studenten gehen ein Jahr länger zur Schule als amerikanische Studenten. Wenn sie ihr Studium beginnen, konzentrieren sie sich auf ein spezifisches Thema, wie z.B. Medizin, Biologie oder deutsche Literatur. Nicht alle Vorlesungen und andere Kurse haben jedes Semester ein Examen. Am Ende des Studiums machen die Studenten große Examen. Dann werden sie Lehrer, Ärztinnen usw., oder sie arbeiten in der Industrie oder für den Staat.

25. EIN TAG IM LEBEN DER FAMILIE BRAUN

Helga und Peter Braun wohnen[1] mit ihren zwei Kindern in München. Sie haben eine kleine aber schöne Wohnung[2] in einem neuen Viertel der Stadt. Barbara, die Tochter, studiert Medizin an der Universität München.[3] In drei Jahren macht sie ihr Examen und will dann als Hals-Nasen-Ohrenärztin in München arbeiten. Thomas, der Sohn, geht zur Schule. Er ist in der zehnten Klasse. Er will nicht studieren; die zehnte Klasse ist also seine letzte Klasse. Er hat Maschinen sehr gern und will nächstes Jahr in der Industrie arbeiten.

Herr Braun ist Taxifahrer in München. Er arbeitet jeden Morgen von fünf Uhr bis zwölf Uhr und manchmal auch am Abend. Frau Braun ist Lehrerin in einem Kindergarten. Um halb acht gehen Frau Braun und Thomas aus dem Haus und fahren zehn Minuten mit dem Bus zur Schule. Barbara schläft bis um neun Uhr, denn sie sitzt oft bis spät in die Nacht über ihren Büchern. Sie ißt ihr Frühstück allein und geht dann zu ihren Vorlesungen. Um zwölf Uhr kommt Frau Braun nach Hause. Dann kocht sie schnell das Essen, und wenn Thomas um eins aus der Schule kommt, essen Herr und Frau Braun und Thomas zusammen ihr Mittagessen. Am Nachmittag macht Thomas seine Schularbeiten und geht zu seinen Freunden oder zu seiner Freundin, wenn er eine Freundin hat. Zum Abendessen kommt Barbara oft nach Hause. Nach dem Abendessen sitzt manchmal die ganze Familie vor dem Fernseher. Die Eltern gehen oft schon um zehn Uhr zu Bett, aber Barbara und Thomas gehen später schlafen. Thomas soll auch um zehn Uhr schlafen gehen, aber er tut das nicht gern und auch nicht oft.

---

[1]**wohnen** live, dwell. [2]**die Wohnung** apartment. [3]**Universitä't München** University of Munich.

EXERCISES 25

A. Answer the following questions about the Braun family.

1. In welcher Stadt wohnen die Brauns?
2. Hat die Familie Braun ein Haus?
3. Wo studiert Barbara?
4. Will Thomas studieren?
5. In welcher Klasse ist Thomas?
6. Wann arbeitet Herr Braun?
7. Wie fährt Thomas zur Schule?
8. Wer kocht das Mittagessen?
9. Was tut Thomas am Nachmittag?
10. Was macht die Familie nach dem Abendessen?

B. Notice the relationship between the verb **wohnen** and the noun **die Wohnung**. Adding the suffix **–ung** to the verb stem is one of the most common ways of making nouns from verbs in German. If you know the meaning of one of the words in these pairs, you can often make a good guess at the other. **Vorlesung** (from **vorlesen** *to lecture)* and **Ordnung** *order* ([in the compound **Ordnungszahl**] from **ordnen** *to order, to arrange*) also occur in Part One. These examples and others derived from verbs used in Part One are listed below and used in German sentences. Can you make up another sentence for each one? Look them up in a dictionary if you are not sure what they mean, because some of the definitions are not immediately obvious. All **–ung** nouns are feminine.

wohnen	die Wohnung	Du hast eine sehr schöne **Wohnung.**
vorlesen	die Vorlesung	Meine Professorin gibt gute **Vorlesungen.**
ordnen	die Ordnung	**Ordnung** muß sein!
enden	die Endung	Die **Endung** des Infinitivs ist **-en.**
sitzen	die Sitzung	Der Deutschklub hat kurze **Sitzungen.**
wandern	die Wanderung	Wir machen eine **Wanderung** im Wald.
bedeuten	die Bedeutung	Dieses Wort hat zwei **Bedeutungen.**

lesen	die Lesung	Der Autor gibt nächste Woche eine **Lesung.**
schreiben	die Schreibung	Die **Schreibung** des Wortes ist schwer.
warten	die Wartung	Ihr Auto braucht **Wartung!**

Idioms Used in the Text

Idioms are given here with their English equivalents. The numbers in parentheses refer to the sections and footnote numbers where the expressions first occur in the text. If you cannot easily construct your own sentences with these expressions, look up how they are used in context.

auf englisch in English/**auf deutsch** in German. (1.5)
zum Beispiel (z.B.) for example, e.g. (2.18)
so schwach wie as weak as: **so . . . wie** as . . as. (4.13)
Hunger haben be hungry. (4.20)
und so weiter (usw.) and so on, etc. (4.52)
weich ein what a. (4.53)
nicht mehr no longer. (4.85)
gern sein like to be; **gern haben** like; gern + *verb* like to + *verb.* (4.91)
bitten um ask for. (4.103)
am Morgen in the morning/**am Abend** in the evening. (4.107/4.108)
viel Schlechtes a lot of bad things: **viel** + *adj.* = a lot of + *adj.* + things. (5.14)
Glück haben be lucky. (5.41)
auf Wiedersehen! so long! see you later/**auf Wiederhören!** so long! talk to you later! (*On the telephone.*) (6.5/6.11)
zu Fuß gehen walk. 6.24)
nach Hause home. (6.25)
Wieviel Uhr ist es? What time is it? (12.8)

(Continued)

es ist halb sieben it is half past six. (12.11)

die Uhr geht vor (nach) the clock is fast (slow) (12.13)

zu Ende over, past. (14.3)

in die Ferien fahren go on vacation. (15.16)

warten auf wait for. (15.18)

keine Blätter mehr no more leaves: **kein . . . mehr** no more . . . . (16.20)

zu Hause at home. (17.27)

das heißt (d.h.) that is to say, i.e. (18.2)

es liegt nach dem Garten it faces the garden: **es liegt nach . . .** it faces. . . . (19.11)

am liebsten haben like best of all. **Am liebsten** *is the superlative of* **gern;** *the comparative is* **lieber.** *Thus* **lieber haben** *means* prefer, **lieber essen** *means* prefer to eat *and* **lieber essen als . . .** *means* eat in preference to. . . . (20.21)

sterben an die of. (20.26)

ins Kino gehen go to the movies. (21.3)

es gibt there is, there are. (21.4)

Examen machen take final examinations. (24.11)

VOCABULARY

(List A)

abstrakt	aus	bringen
all	das Auto	das Buch
alt	das Bad; baden	der Bus
der Apfel	beginnen	der Busch
der Appetit	besser	die Butter
der April	das Bett	der Computer
der Arm	das Bier	danken
die Asche	blau	der Dezember
der August	braun	dick

(*Continued*)

die Diskette
der Doktor
das Eis
der Elefant
elektrisch
das Ende; enden
englisch
das Examen
fallen
die Familie
der Februar
das Feld
der Film
finden
der Finger
der Fisch; fischen
der Freund
frisch
die Garage
der Garten
das Gas
geboren
das Glas
das Gold
das Gras
grün
gut
halb
die Hand
hängen
hart
das Haus
hier
das Hotel

hundert
der Hunger
in
die Industrie
der Infinitiv
der Januar
der Juli
jung
der Juni
der Kaffee
kalt
die Kamera
die Katze
das Kilometer
der Kindergarten
die Klasse
das Knie
kommen
konkret
das Konzert
die Kopie
das Krokodil
der Kurs
das Land
lang
lateinisch
laut
lernen
die Lippe
die Literatur
machen
der Mai
der Mann
die Maschine

die Maus
die Medizin
das Meter
die Milch
mild
die Million
die Minute
modern
das Museum
die Musik
die Mutter
der Name
die Nase
neu
neun
der Norden
der November
oft
der Oktober
der Onkel
das Papier
der Park
das Problem
der Professor
das Programm
relativ
das Restaurant
der Ring
die Rose
rund
scharf
der Schuh
die Schule
die Schulter

(*Continued*)

schwimmen
die Seite
die Sekunde
selten
das Semester
der September
singen
sitzen
so
das Sofa
der Sohn
der Sommer
die Sonne
der Sport
still
der Student
studieren
tausend
das Taxi
der Tee
das Telefon
das Theater
der Tiger
die Tochter
die Toilette
trinken
un–(*negative prefix*)
und
die Universität
der Vater
das Verb
voll
wandern
warm
waschen
das Wasser
der Wein
wenn
der Westen
das Wetter
wild
der Wind
der Winter
der Wolf
das Wort
das Zentimeter

(List B)

der Abend
aber
acht
achtzig
allein
alles
als
also
an
andere
der Anfang; anfangen
die Antwort; antworten
die Arbeit; arbeiten
das Arbeitszimmer
arm
der Arzt
auch
auf
das Auge
der Bahnhof
bald
der Baum
bedeuten
bei
das Bein
das Beispiel
beißen
bekommen
der Berg
die Biene
das Bild
billig
bis
bitte
bitten
das Blatt
die Blume
böse
brauchen
die Brille
das Brot
der Bruder
die Brust
das Büro
da
dann
denken
denn

(*Continued*)

deutsch
Deutschland
Dienstag
dieser
Donnerstag
dort
drei
dreißig
dritt-
dunkel
dünn
die Ecke
das Ei
ein
einige
elf
die Eltern
die Erde
erst–
der Esel
essen
das Essen
fahren
falsch
die Farbe
fast
faul
das Fenster
die Ferien
der Fernseher
das Feuer
das Fleisch
fleißig
fliegen
fragen
die Frau
Freitag
der Frühling
das Frühstück
fühlen
fünf
fünfzig
für
der Fuß
ganz
geben
gehen
gelb
das Geld
das Gemüse
genug
gern
das Gesicht
gestern
gesund
das Glück
glücklich
grau
groß
das Haar
haben
der Hals
der Hase
häufig
heiß
heißen
helfen
hell
der Herbst
der Herr
das Herz
heute
der Himmel
hinter
hoch
der Honig
hören
der Hund
immer
ja
das Jahr
die Jahreszeit
jeder
jemand
der Junge
die Karte
kein
der Keller
kennen
das Kind
klein
kochen
können
der Kopf
der Körper
krank
die Küche
die Kuh
kühl
kurz
die Kusine
langsam

(*Continued*)

laufen	nachgehen	schlagen
leben; das Leben	nächst-	schlecht
leer	die Nacht	schmecken
legen	die Nachtigall	der Schnee
lehren; der Lehrer	nahe	schnell
leicht	neben	schön
leider	nehmen	schreiben
lesen	nein	der Schreibtisch
letzt-	neunzig	schreien
die Leute	nicht	schwach
lieber	nichts	schwarz
liegen	nie	schwer
link-	noch	die Schwester
die Luft	nun	das Schwimmbad
das Mädchen	nur	sechs
mal	oder	sechzig
man	ohne	sehen
mancher	das Ohr	sehr
die Mark	die Ordnungszahl	sein
der März	der Osten	sieben
mehr	das Pferd	siebzig
der Mensch	recht-	solch
mit	regnen	sondern
der Mittag	reich	Sonntag
die Mitte	richtig	spät
Mittwoch	riechen	spielen
der Monat	rot	die Sprache
Montag	der Rücken	sprechen
der Morgen	rufen	die Stadt
morgen	sagen	stark
München	Samstag/Sonnabend	stehen
der Mund	der Satz	sterben
müssen	scheinen	die Stimme
nach	schlafen	die Straße

(*Continued*)

das Studium	von	wissen
die Stunde	vor	die Woche
der Süden	vorgehen	wohnen
süß	die Vorlesung	die Wohnung
der Tag	der Wald	wollen
die Tante	die Wand	wunderbar
tanzen	warten	die Zahl
der Teich	warum	zählen
der Teil	was	der Zahn
teuer	wecken	zehn
das Tier	der Wecker	zeigen
der Tisch	weich	der Zeiger
tragen	die Weihnachten	die Zeit
tun	weiß	das Zimmer
die Tür	weiter	zu
über	welch	der Zucker
die Uhr	wenig	der Zug
verstehen	wer	die Zunge
verwandt	werden	zurück
der Vetter	wie	zusammen
viel(e)	wieder	zwanzig
vier	wiederhören	zwei
das Viertel	wiedersehen	zwischen
vierzig	wieviel(e)	zwölf

Part Two

Fabeln

Fabeln

Fables are older than Western civilization itself, and they seem to have developed independently in many different cultures. The name Aesop is still familiar to us as the first great collector of fables in ancient Greece, and the semi-legends surrounding his name include the notion that he was born a slave. Fables have served different ideologies in different times, and they defy easy generalization. Sometimes the weak and underprivileged overcome the strong by using their wits; then again we see the strong blatantly exercising their power at the expense of the weak. Some fabulists have attached morals to their fables; others convey messages of extreme amorality.

Since the main actors of fables tend to be animals, we have introduced a few more animal names than might be justified this early in a German course. We trust that the inherent appeal of fables and their familiarity from our own early reading will be more than adequate reward.

1. DER FROSCH[1] UND DIE KUH

Ein Frosch kommt mit seinen Kindern aus einem Teich. Eine Kuh trinkt aus dem Teich. Der Frosch sieht die Kuh und denkt: „Welche ein schönes Tier! Wie groß und schön es ist! Ich bin nur ein kleiner Frosch, aber ich will so groß und schön werden wie
5 diese Kuh. Wie kann ich das machen?" Dann bläst er sich auf,[2] so stark wie er kann. „Bin ich nun so groß und schön wie die Kuh?" fragt er seine Kinder. „Nein, Vater, noch nicht",[3] antworten die Kinder; Der Frosch bläst sich noch stärker auf und fragt wieder: „Bin ich nun so groß und schön wie die Kuh?"—„Nein,
10 Vater, noch nicht", antworten die Kinder wieder. Da bläst sich der dumme Frosch noch stärker auf, platzt[4] und ist tot.[5]

---

[1]**der Frosch** frog. [2]**(sich) aufblasen** blow (oneself) up, inflate; **sich** *is the third-person reflexive pronoun.* [3]**noch nicht** not yet. [4]**platzen** burst, explode. [5]**tot** dead.

2. DER LÖWE[6] UND DER HASE

Ein Hase sieht einen großen Löwen im Wald. „Ich höre", sagt der Hase zu dem König[7] der Tiere, „du fürchtest dich,[8] wenn ein Esel schreit. Ist das wahr,[9] König der Tiere?"—„Ja, Häschen",[10] antwortet der Löwe, „das ist wahr. Jedes große, starke Tier hat seine Fehler.[11] Der Elefant, zum Beispiel, fürchtet sich, wenn ein Schwein[12] schreit. Wenn ein junges Schweinchen schreit, läuft der Elefant so schnell, wie er kann."—„Das ist wunderbar", sagt der Hase, „das freut mich."[13]—„Das freut dich?" fragt der Löwe, „warum freut dich das, Häschen?"—„Das freut mich sehr", antwortet der Hase, „denn, wie du sagst, hat jedes große, starke Tier seine Fehler. Ich, zum Beispiel, fürchte mich vor[14] einem Hund. Nun weiß ich warum."

3. DER LÖWE, DER ESEL UND DER FUCHS[15]

Der Löwe, der Esel und der Fuchs gehen zusammen durch[16] den Wald und töten[17] viele Tiere. Am Abend sagt der Löwe zu dem Esel: „Ich habe Hunger. Teile![18] Gib jedem von uns seinen Teil." Der Esel teilt die Tiere in drei gleiche[19] Teile und sagt dann: „Nimm deinen Teil!" Der Löwe sieht die drei gleichen Teile, springt auf den Esel und beißt ihn tot. Dann sagt er zu dem Fuchs: „Nun, Fuchs, teile und gib jedem von uns seinen Teil." Der Fuchs teilt, und er teilt die Tiere nicht in zwei gleiche Teile, sondern er nimmt nur einen kleinen Hasen für sich selbst[20] und gibt dem Löwen all die anderen Tiere. Der Löwe lacht[21] und sagt: „Du weißt, wie man teilt. Wer ist dein Lehrer, Fuchs?"—„Dieser dumme, tote Esel ist mein Lehrer", antwortet der Fuchs.

---

[6]**der Löwe** lion. [7]**der König** king. [8]**sich fürchten** be afraid. [9]**wahr** true. [10]**Häschen** little rabbit; **–chen** *diminutive suffix.* [11]**der Fehler** fault, mistake. [12]**das Schwein** pig. [13]**sich freuen** be pleased, be glad; **das freut mich** that makes me happy. [14]**sich fürchten vor** be afraid of. [15]**der Fuchs** fox. [16]**durch** through. [17]**töten** kill. [18]**teilen** divide, share. [19]**gleich** equal; same. [20]**selbst** (him)self. [21]**lachen** laugh.

EXERCISES 1–3

A. Are these statements **richtig** (*true*), or **falsch** (*false*)? If you say they are **falsch** , rephrase them so that they are **richtig**.

1. Der Frosch will so groβ werden wie die Kuh.
2. Der Frosch wird so groβ wie die Kuh.

3. Der König der Tiere fürchtet sich vor dem Hasen.
4. Der Hase fürchtet sich nicht vor dem Hund.

5. Der Esel teilt die Tiere in drei gleiche Teile.
6. Der Fuchs teilt die Tiere in zwei gleiche Teile.
7. Der Esel ist der Lehrer des Löwen.

B. Answer in German.

1. Was macht die Kuh am Teich?
2. Warum will sich der Frosch aufblasen?
3. Warum platzt der Frosch?

4. Wann fürchtet sich der Löwe?
5. Was macht der Elefant, wenn das Schwein schreit?
6. Warum freut sich der Hase?

7. Welche Tiere gehen zusammen durch den Wald?
8. Wie teilt der Esel die toten Tiere?
9. Wer ist der Lehrer des Fuchses?

4. DER LÖWE UND DIE MAUS

Ein Löwe liegt im Wald und schläft. Eine kleine Maus spielt an der Stelle,[1] wo[2] er schläft. Sie springt auf den Löwen und weckt

---

[1]**stellen** place; *noun*: **die Stelle.** [2]**wo** where.

ihn. Der Löwe fängt[3] die Maus. Die kleine Maus sagt: „Töte mich nicht. Wir Mäuse spielen immer an dieser Stelle. Mein Vater und meine Mutter, mein Großvater und meine Großmutter, meine Vetter, Kusinen und Tanten, wir alle spielen an dieser Stelle. Wenn du mich nicht tötest, will ich nie wieder in deinem Wald 5 spielen."

Der Löwe denkt: „Ein Löwe darf[4] keine kleinen Tiere töten, er darf keine Maus töten." Dann sagt er: „Lauf, kleine Maus, spiele weiter."

Einige Tage später geht der Löwe durch den Wald und läuft 10 in ein Netz.[5] Das Netz ist sehr stark, und der Löwe kann nicht entkommen.[6] Er brüllt[7] laut, and alle Tiere im Walde hören ihn brüllen. Auch die Maus hört ihn brüllen. Schnell läuft die Maus auf das Feld zu ihren Vettern, Kusinen und Tanten und sagt: „Der Löwe sitzt im Netz und kann nicht entkommen. Wir wollen 15 ihn frei[8] machen, wir wollen ihm zeigen, daß[9] wir frei sind und daß eine freie Maus stärker ist als ein Löwe im Netz."

---

[3]**fangen** catch. [4]**dürfen** may, be permitted to, be allowed to. [5]**das Netz** net. [6]**entkommen** flee, escape. [7]**brüllen** roar. [8]**frei** free. [9]**daß** that *subordinating conjunction.*

Schnell laufen sie in den Wald zurück und beiβen das Netz mit ihren scharfen Zähnen kaputt.[10] Bald ist der Löwe wieder frei, und nun versteht er, wie gut es ist, kleinen Tieren zu helfen.

5. DER FUCHS UND DIE KRÄHE[11]

Eine Krähe findet ein Stück[12] Käse.[13] Sie fliegt mit dem Stück
5 Käse auf einen Baum, um es zu fressen.[14] Ein Fuchs sieht sie und denkt: „Ein wunderbares Stück Käse und eine dumme Krähe. Der Käse ist mein." Dann geht er unter den Baum, um den Käse zu bekommen. Er ruft laut: „Krähe, du wunderbarer Vogel![15] Deine Federn[16] sind so schön wie der Morgen. Dein schöner Kopf
10 ist schöner und klüger[17] als der Kopf aller anderen Tiere. Deine Stimme ist besser, lauter und schöner als die Stimme der Nachtigall.

Die Krähe freut sich über[18] die Worte des Fuchses. Sie ist glücklich und will dem Fuchs ihre schöne Stimme zeigen. Sie
15 beginnt zu schreien. Da fällt der Käse aus ihrem Schnabel[19] zur Erde. Der Fuchs friβt das Stück Käse und ruft dann: „Krähe, deine Federn sind schwarz, dein Kopf ist leer, leer wie dein Schnabel ohne den Käse. Du bist vielleicht[20] der klügste Vogel im ganzen Wald, der klügste Vogel in der ganzen Welt,[21] aber du bist
20 trotzdem[22] ein dummes Tier. Und deine Stimme? Du singst nicht wie die Nachtigall: du schreist wie alle Krähen schreien. Auf Wiedersehen!"

EXERCISES 4–5

Antworten Sie auf deutsch!

1. Wer spielt an der Stelle, wo der Löwe schläft?
2. Warum tötet der Löwe die Maus nicht?

---

[10]**kapu'tt** to pieces; *this word has meanings ranging from* broken *to* exhausted *depending on whether it is applied to things or people.* [11]**die Krähe** crow. [12]**das Stück** piece. [13]**der Käse** cheese; **ein Stück Käse** a piece of cheese. [14]**fressen** eat (*referring to animals*); **um es zu fressen** in order to eat it. [15]**der Vogel** bird. [16]**die Feder** feather. [17]**klug** wise. [18]**sich freuen über** be glad about. [19]**der Schnabel** bill, beak. [20]**viellei'cht** perhaps. [21]**die Welt** world. [22]**trotzdem** nevertheless.

3. Warum brüllt der Löwe?
4. Wie können die Mäuse dem Löwen helfen?
5. Was versteht der Löwe?

6. Was findet die Krähe?
7. Warum fliegt die Krähe auf einen Baum?
8. Worüber freut sich die Krähe?
9. Wer frißt das Stück Käse?
10. Singt die Krähe wie die Nachtigall?

6. DIE BIENE UND DER MENSCH

„Hast du unter[1] den Tieren bessere Freunde als uns?" fragt eine fleißige Biene den Menschen. „Natürlich[2] habe ich bessere Freunde als euch", antwortet der Mensch. „Und wer ist das?" fragt die fleißige Biene. „Die Kuh", antwortet der Mensch. „Die Kuh ist nicht so fleißig wie du, aber sie gibt mir ihre Milch. Ohne 5 die Milch der Kuh kann ich nicht leben; ohne deinen Honig lebe ich sehr gut. Auch gibt die Kuh mir ihre Milch, ohne mich zu beißen.[3] Wenn ich aber deinen Honig nehme, muß ich deinen Stachel[4] fürchten, denn dein Stachel ist scharf."

7. DIE BIENE UND DIE NACHTIGALL

Eine Biene fällt ins Wasser. Eine Nachtigall sitzt auf einem Baum 10 und sieht die Biene im Wasser. Sie sieht, daß die Biene ans Land schwimmen will. Sie nimmt ein Blatt vom Baum und läßt[5] das Blatt ins Wasser fallen. Die Biene setzt[6] sich auf das Blatt und kommt in wenigen Minuten glücklich ans Land.

Einige Tage später sitzt die Nachtigall wieder auf einem 15 Baum. Ein Junge kommt, nimmt einen Stein[7] und will die Nachtigall mit dem Stein töten. Schnell setzt sich die Biene auf die Hand

---

[1]**unter** *here* among. [2]**natü'rlich** of course, naturally. [3]**ohne mich zu beißen** without biting me. [4]**der Stachel** sting. [5]**lassen** let, cause to; **fallen lassen** drop (let fall). [6]**setzen** set, place; **sich setzen** sit down. [7]**der Stein** stone.

des Jungen. Der Junge fühlt den Stachel der Biene, schreit, läßt den Stein fallen, und die Nachtigall fliegt weg.[8]

8. DER BAUER[9] UND DIE NACHTIGALL

An einem schönen Frühlingsabend geht ein Bauer über sein Feld. Auf einem Baum sieht er die Nachtigall. Heute abend[10] singt sie
5 aber nicht. Der Bauer hört die Nachtigall gern singen.

„Liebe[11] Nachtigall", fragt er, „warum singst du nicht? Es ist doch[12] heute abend so schön."

„Du fragst, warum ich nicht singe! Ich singe gern im Frühling. Aber hörst du nicht, wie laut die Frösche schreien?"

10 „Natürlich höre ich das Schreien[13] der Frösche. Aber ich höre es nur, weil[14] du nicht singst", antwortet der Bauer.

EXERCISES 6–8

A. Sind diese Sätze **richtig** oder **falsch**?

1. Die Kuh gibt dem Menschen Honig.
2. Die Kuh ist ein besserer Freund des Menschen als die Biene.
3. Die Biene ist faul.
4. Der Stachel der Kuh ist scharf.

5. Die Nachtigall läßt ein Blatt ins Wasser fallen.
6. Die Nachtigall kommt glücklich ans Land.
7. Der Junge will die Biene töten.

8. Die Nachtigall hört den Bauern gern singen.
9. Die Nachtigall singt nicht, weil die Frösche zu laut schreien.
10. Der Bauer hört die Frösche nicht, weil die Nachtigall singt.

---

[8]**weg** away; **wegfliegen** fly away. [9]**der Bauer** farmer; **die Bäuerin** farmer's wife, (*female*) farmer. [10]**heute abend** this evening. [11]**lieb** dear. [12]**doch** after all, as you know. [13]**das Schreien** screaming, screeching. [14]**weil** because.

B. **Das Schreien** is a verbal noun—that is, a neuter noun made from the infinitive. It refers to the activity described by the verb. The English equivalent is usually the gerund, the verb stem plus the ending **–ing**. Make similar verbal nouns from the following verbs and use them in a sentence.

baden	lachen	gehen
geben	schreiben	lesen
kommen	wandern	sprechen
denken	nehmen	brüllen

Such verbal nouns are often used in unusual contexts and expressions. Here are a few examples.

1. Geben ist besser als Nehmen.
2. Das Wandern ist des Müllers Lust [*the miller's joy*]. *This is the title of a well-known nineteenth-century poem and the song composed to it.*
3. Dein Kommen und Gehen macht mich nervös.
4. Diese Idee ist zum Lachen.
5. Schnelles Denken ist besser als schnelles Sprechen.
6. Für manche Studenten ist das Lesen leichter als das Schreiben.

Look at the last exercise in Part One (Allerlei). Notice that **–ung** nouns are also formed from several of these verbs. What is the difference between these **–ung** nouns and the verbal nouns in this exercise?

9. DIE DURSTIGE[1] KRÄHE

Eine Krähe hat großen Durst.[2] Sie ist durstig und will trinken. Sie findet eine Flasche[3] mit Wasser. Sie versucht[4] zu trinken, aber ihr Schnabel ist viel zu kurz. Nun versucht sie, die Flasche auf die Erde zu legen, aber sie kann es nicht, weil die Flasche schwer ist. „Was kann ich tun?" denkt die Krähe. „Ich muß trinken, oder ich sterbe. Mein Schnabel ist zu kurz. Aber trinken muß ich." Immer wieder[5] versucht die Krähe zu trinken. Endlich[6] sieht sie einen kleinen Stein. Sie läßt den Stein in die Flasche fallen. Das

[1]**durstig** thirsty. [2]**der Durst** thirst. [3]**die Flasche** bottle. [4]**versuchen** try. [5]**immer wieder** again and again. [6]**endlich** finally.

Wasser steigt[7] ein wenig höher. Sie sucht[8] und sucht und findet viele kleine Steine und läßt die Steine alle in die Flasche fallen. Das Wasser steigt immer höher. Endlich ist ihr Schnabel nicht mehr zu kurz. Sie kann trinken, soviel wie sie will.

10. DIE KATZE UND DIE MAUS

5 In einem Haus leben eine Katze und eine Maus. Die Katze hat ihr Bett im Keller, die Maus wohnt hinter der Küchenwand. Wenn die Maus Hunger hat, kommt sie durch ein kleines Loch[9] in der Wand in die Küche. Dort findet sie immer etwas Gutes[10] zu essen: Käse, Brot oder Fleisch. Die Katz sieht das gar nicht[11] gern. Seit 10 Wochen[12] versucht sie die kleine Maus zu fressen, aber sie kann sie nicht fangen. Die Maus läuft zu schnell. Sie läuft von einer Wand an die andere, von einer Ecke zur anderen und entkommt dann schnell durch das Loch. Dann lacht sie über[13] die Katze und sagt: „Du dumme, große Katze, weißt du nicht, daß du mich nie 15 fangen kannst? Du bist zu langsam und zu groß, und das Loch in der Wand ist zu klein für dich. Auf Wiedersehen!"

Die Katze ist sehr böse auf[14] die kleine Maus. „Warte nur", denkt die Katze, „dich werde ich bald fangen und fressen. Ich bin nicht so dumm, wie du glaubst.[15] Ich weiß sehr viel. Ich weiß, 20 zum Beispiel, daß du sehr gern Käse ißt, und ich habe eine wunderbare Idee." Schnell läuft die Katze zum Küchentisch und holt[16] ein Stück Käse. Sie trägt es zu dem Loch in der Wand und läßt es vor dem Loch fallen. Nun setzt sie sich neben das Loch und wartet. Die Maus sitzt in ihrem Loch und riecht den Käse. Er 25 riecht wunderbar, aber die Maus fürchtet, daß die Katze auf sie wartet, und so bleibt[17] sie im Loch. Auf einmal[18] hört sie einen Hund bellen.[19] Das Bellen kommt aus der Küche.

„Jetzt[20] kann ich den Käse bekommen", denkt die Maus, „denn jede kluge Maus weiß, daß Katzen sich vor Hunden fürch-30 ten. Wenn der Hund in der Küche ist, dann ist die Katze nicht

---

[7]**steigen** rise; climb. [8]**suchen** seek, look for. [9]**das Loch** hole. [10]**etwas** something; **etwas Gutes** something good. [11]**gar nicht** not at all. [12]**seit** since; **seit Wochen** for weeks. [13]**lachen über** laugh at, laugh about. [14]**böse auf** angry at. [15]**glauben** believe. [16]**holen** (go and) get. [17]**bleiben** stay, remain. [18]**auf einmal** suddenly, all at once. [19]**bellen** bark. [20]**jetzt = nun** now.

da." Als die Maus aber aus dem Loch kommt, um den Käse zu holen, fängt die Katze sie und will sie auffressen.[21] Die Maus ist sehr erstaunt[22] und schreit: „Wo ist der Hund? Warum bist du in der Küche, wenn der Hund bellt?" „Welcher Hund?" antwortet die Katze. „Du dumme, kleine Maus, weißt du nicht, daß ich nicht nur miauen kann, sondern daß ich auch bellen kann wie ein Hund? Jede kluge Katze spricht eine Fremdsprache."[23]

EXERCISES 9–10

A. The following sentences are all false. First correct them, then make up questions for which each statement could be the answer.

1. Die Krähe hat großen Hunger.
2. Die Krähe will Milch aus der Flasche trinken.
3. Der Schnabel der Krähe ist zu lang.
4. Die Krähe läßt Eier in die Flasche fallen.
5. Die Krähe sucht große Steine.

6. Die Maus wohnt im Keller.
7. Die Maus kommt durch die Tür in die Küche.
8. Die Katze hat die Maus sehr gern.
9. Die Maus lacht über den Hund.
10. Der Hund kann gut miauen.

B. **Die Fremdsprache** is a good example of a compound noun—a noun made up of two words that can also be used separately. You have already had many examples of compound words, such as **Badezimmer, Wohnzimmer, Schularbeit**, and **Sommerferien**. Here are some you have not had, but that you ought to be able to understand. See if you can make up sentences using each of them. The last element of a compound noun always determines its gender.

die Bierflasche	der Goldring	die Landkarte
das Butterbrot	das Landleben	die Theaterkarte
das Lesebuch	die Haarfarbe	das Lehrbuch
der Kinderarzt	der Ohrring	die Frühlingsblume

---

[21]**auffressen** eat up. [22]**erstaunt** astonished. [23]**fremd** foreign; **die Fremdsprache** foreign language.

You cannot freely invent compound words. Languages do not work that way. Sometimes the first element is a plural form (**Kinderarzt**), and sometimes it occurs in the genitive form (**Frühlingsblume**). Some compounds are tried by native speakers, catch on, and become acceptable. Learners need to be able to recognize compounds but should avoid making up their own.

11. DER FROSCH UND DIE MAUS

Eine Maus will über einen Teich schwimmen. Sie bittet einen Frosch, ihr zu helfen. Der Frosch antwortet: „Ich helfe dir gern, ich helfe dir sehr gern, kleine Maus, ich helfe allen Mäusen gern. Binde[1] deinen Fuß an meinen Fuß. Dann springe ich ins Wasser
5 und bringe dich an die andere Seite des Teiches. Die andere Seite ist gar nicht weit."

Die Maus tut, was der Frosch sagt und bindet ihren Fuß an den Fuß des Frosches. Der Frosch springt ins Wasser und schwimmt. In der Mitte des Teiches denkt der böse Frosch: „Süße
10 kleine Maus, du mußt sterben." Dann versucht er, die Maus unter das Wasser zu ziehen.[2] Er zieht so stark, wie er kann. Aber hoch oben[3] in der Luft fliegt ein großer Vogel. Er sieht den bösen Frosch und die arme kleine Maus. Er fliegt schnell herab[4] und frißt beide.[5]

12. DER HUND UND DAS FLEISCH

15 Ein Hund geht in die Küche und nimmt ein Stück Fleisch. Schnell laüft er durch den Garten, über das Feld, und endlich kommt er an einen Fluß.[6]

Da sieht er auf einmal im Wasser sein eigenes[7] Bild. Er sieht einen Hund mit einem Stück Fleisch zwischen den Zähnen. Er
20 sieht sein eigenes Stück Fleisch in seinem eigenen Mund. „Wunderbar", denkt er. „Hier ist noch ein[8] Stück Fleisch, und dieses Stück ist besser und größer als meines. Nun habe ich beide Stücke." Er springt in den Fluß, um das Fleisch zu holen. Aber

---

[1]**binden** tie. [2]**ziehen** pull, drag. [3]**oben** up. [4]**hera'b** down; **hera'bfliegen** fly down. [5]**beide** both, the two. [6]**der Fluß** river. [7]**eigen** own. [8]**noch ein** another.

das Fleisch fällt ins Wasser, und er kommt hungrig[9] und kalt nach Hause zurück. So geht's, wenn man mehr will, als man braucht.

EXERCISES 11–12

A. Antworten Sie auf deutsch!

1. Wen bittet die Maus, ihr zu helfen?
2. Woran bindet die Maus ihren Fuß?
3. Was denkt der Frosch in der Mitte des Teiches?
4. Was versucht der Frosch zu tun?
5. Was macht der große Vogel mit den Tieren im Teich?

6. Was nimmt der Hund aus der Küche?
7. Was sieht der Hund im Wasser?
8. Warum springt der Hund in den Fluß?
9. Wie kommt der Hund nach Hause zurück?
10. Geht es so, wenn man mehr will, als man braucht?

B. The verb **herabfliegen** is an example of a verb with a separable prefix. This is an adverbial modifier that combines with, and sometimes changes, the meaning of the main verb. The modifier normally occurs in a fixed position at the end of the sentence. In addition to **herab** *down*, in the last few pages we have had examples with **weg** *away*, and **auf** *up*. Below are some separable-prefix verbs in sentences, several that we have had and others that you should be able to understand. What are the infinitives? Make up another sentence for each verb.

1. **Geh weg**, und **komm** nie **zurück**!
2. Ich will dich nie **wiedersehen.**
3. Meine Freundin muß morgen **wegfahren**.
4. **Iß** dein Gemüse **auf**!
5. Warum will der Fuchs den Hasen immer **auffressen**?
6. Meine Uhr **geht** oft **vor**.
7. Wann **fangen** wir mit der Arbeit **an**?
8. Wir **laufen** zusammen **weg.**
9. **Nehmen** Sie das **zurück**!
10. Meine Kusine **fährt** leider nicht **mit**.

---

[9]**hungrig** hungry.

13. DER FUCHS UND DER WOLF IM BRUNNEN[1]

Ein Fuchs und ein Wolf haben großen Durst. Sie kommen an einen Brunnen, und beide springen hinab,[2] um zu trinken. Bald haben sie genug.

„Wie kommen wir nun aus dem Brunnen hinaus?"[3] fragt der Wolf. „Das ist sehr leicht", antwortet der Fuchs. „Stell dich an die Mauer[4] des Brunnens. Ich springe dann auf deinen Rücken, von deinem Rücken springe ich auf deinen Kopf und von deinem Kopf hinaus auf die Erde. Dann gebe ich dir die Hand und ziehe dich aus dem Brunnen heraus."

Der Wolf stellt sich an die Mauer des Brunnens. Der Fuchs springt auf seinen Rücken, von seinem Rücken springt er auf den Kopf und von dem Kopf hinaus auf die Erde. „Nun gib mir deine Hand und zieh mich aus dem Brunnen heraus", ruft der Wolf. „Jeder für sich selbst, Gott[5] für uns alle!" ruft der Fuchs und läuft weg.

14. DER WOLF UND DER HUND

Ein hungriger Wolf kommt zu einem alten Hund und sagt: „Guter Freund, ich kann vor Hunger nicht schlafen.[6] Du aber bist dick und fett.[7] Wo bekommst du dein Essen? Wo wohnst du? Wo ißt du?"

„Ich arbeite für meinen Herrn",[8] antwortet der Hund. „Ich diene[9] meinem Herrn, ich bewache[10] das Haus meines Herrn. Darum[11] gibt mein Herr mir so viel zu essen, wie ich wünsche."[12]

Da sagt der Wolf: „Ich lebe sehr schlecht. Tag und Nacht laufe ich durch Wald und Feld und finde nichts zu essen für meine Frau und meine Kinder. Ich kann nicht länger so leben. Meine Frau und meine Kinder sterben vor Hunger. Darum will auch ich den Menschen dienen und ihre Häuser bewachen."

---

[1]**der Brunnen** well; fountain. [2]**hin** to (*away from the speaker*); **her** to (*toward the speaker*), **ab** away, off, down; **hina'b** down (*away from the speaker*); **hera'b** down (*toward the speaker*). [3]**aus dem Brunnen hinau's (herau's)** out of the well. [4]**die Mauer** wall. [5]**Gott** (*masc.*) God. [6]**vor Hunger** (because) of hunger: **ich kann vor Hunger nicht schlafen** I am so hungry that I cannot sleep. [7]**fett** fat. [8]**der Herr** *here* master. [9]**dienen** serve. [10]**bewachen** watch, guard. [11]**darum** therefore. [12]**wünschen** wish.

Der Hund und der Wolf laufen zusammen durch den Wald zu dem Haus des Hundes. Auf einmal sieht der Wolf den Hals des Hundes. Er ist erstaunt und sagt: „Ich sehe, dein Hals ist ohne Haar. Haben alle Hunde Hälse ohne Haar?“

„Nein“, antwortet der Hund. „Nicht alle Hunde. Ich trage 5 am Tag eine Kette.[13] Während[14] des Tages liege ich an einer Kette vor dem Haus meines Herrn. Eine Kette ist aus Eisen,[15] und Eisen ist hart. Darum habe ich kein Haar an meinem Hals. Aber bei Nacht bin ich frei. Während der Nacht laufe ich, wohin ich wünsche.“ 10

„Lieber Bruder“, sagt der Wolf zu dem Hund, „der Hunger ist hart, aber die Kette ist härter. Ich trage keine Kette und werde nie eine tragen. Lieber sterbe ich mit meiner Frau und meinen Kindern vor Hunger. Lauf allein zurück zu deinem Herrn. Es ist besser, hungrig zu sein als fett; es ist besser, frei zu sein, als eine 15 Kette zu tragen.“

EXERCISES 13–14

A. Answer the questions below with **ja** or **nein**, followed by complete sentences. If the answer is **nein**, continue with another sentence that gives correct information, as in the following example.

Haben der Wolf und der Fuchs großen Hunger?

Nein, sie haben nicht großen Hunger, sondern sie haben großen Durst.

1. Kommen die zwei Tiere an einen Brunnen?
2. Springen der Wolf und der Fuchs in ein Loch?
3. Weiß der Wolf, wie sie aus dem Brunnen kommen können?
4. Stellt sich der Fuchs an die Mauer des Brunnens?
5. Gibt der Fuchs dem Wolf seine Hand?

6. Kommt der Wolf zu dem Hund, weil er großen Hunger hat?
7. Dient der Hund dem Herrn, weil er es so gern macht?
8. Sieht der Wolf, daß der Kopf des Hundes ohne Haar ist?
9. Liegt der Hund während der Nacht an einer Kette?
10. Will der Wolf ohne Kette bleiben?

---

[13]**die Kette** chain. [14]**während** during, while. [15]**das Eisen** iron.

B. The adverbs **hin** (motion away from the speaker) and **her** (motion toward the speaker) are also required with questions involving motion. Answer the following questions about yourself.

1. Wohin fahren Sie gern in den Sommerferien?
2. Woher [aus welcher Stadt] kommen Sie?
3. Wo wohnt Ihre Familie?
4. Wohin wollen Sie zu Weihnachten fahren?
5. Wo wollen Sie im Herbst studieren?
6. Woher kommen die Vögel im Frühling?
7. Wo gibt es ein gutes Restaurant in dieser Stadt?
8. Wohin gehen wir nach der Vorlesung?

Hin or **her** can also be placed at the end of the sentence. If the sentence has an infinitive at the end, **hin** or **her** precedes the infinitive and is written together with it. The following sentences correspond to those in the preceding list, but with **hin** and **her** in final position.

1. Wo fahren Sie gern in den Sommerferien hin?
2. Wo kommen Sie her?
4. Wo wollen Sie zu Weihnachten hinfahren?
6. Wo kommen die Vögel im Frühling her?
8. Wo gehen wir nach der Vorlesung hin?

15. DIE STADTMAUS UND DIE FELDMAUS

Eine Stadtmaus geht an einem schönen Morgen über ein Feld. Dort trifft[1] sie eine arme kleine Feldmaus und sagt zu ihr: „Was für eine[2] Maus bist du?"—„Was für eine Maus ich bin?" antwortet die kleine Feldmaus sehr erstaunt. „Jedes Kind trifft mich und kennt mich, und du kennst mich nicht? Ich bin eine Feldmaus!" (5)

„Gut, daβ ich dich treffe und daβ ich dich jetzt kenne. Aber warum bist du eine Feldmaus? Warum wohnst du auf dem Feld und nicht in der Stadt? Ich wohne in einem wunderbaren Haus in der Stadt. Das Haus gehört[3] mir, die Küche gehört mir, und die Milch und der Käse in der Küche gehören mir. Komm mit

---

[1]**treffen** meet. [2]**was für ein** what sort (kind) of (a). [3]**gehören** belong.

mir. Dort gefällt[4] es dir auch sehr gut. Wir wollen gute Freunde sein."

Die Feldmaus folgt[5] ihrer neuen Freundin in ein schönes großes Haus in der Stadt. Sie folgt der Stadtmaus in die Küche und findet dort genug Käse und Milch für viele Tage. „Nun iß und sei froh,[6] denn Käse und Milch essen und trinken wir von jetzt an jeden Tag; nimm! Das Haus gehört dir."

In diesem Augenblick[7] kommt ein Kind in die Küche. Die Mäuse fürchten sich und laufen weg. Die Stadtmaus kennt das Haus und findet sofort[8] ihr Loch in einer Wand der Küche. Die arme Feldmaus aber kennt die Küche nicht. Sie kann ihrer Freundin nicht folgen. Sie läuft von der einen Wand zur anderen Wand, von der einen Ecke in die andere.

„Jetzt muß ich sterben", denkt sie. Aber das Kind fürchtet sich auch. Es schreit laut und läuft aus der Küche.

Im nächsten Augenblick kommt die Stadtmaus wieder aus ihrem Loch heraus und sagt: „Jetzt essen wir weiter. Iß und sei froh. Das Kind kommt nicht zurück, denn es fürchtet sich vor mir."

„Das Kind fürchtet sich vor dir?" antwortet die Feldmaus. „Warum läufst du denn sofort in dein Loch, wenn es sich vor dir fürchtet? Nein, liebe Freundin, du bleibst in deinem Loch. Ich aber gehe jetzt sofort zurück auf mein Feld und bleibe dort, wo es mir gefällt. Mir gehört das ganze Feld; dir gehört nichts als[9] ein kleines Loch in der Wand."

---

[4]**gefallen** please; **dort gefällt es dir** you (will) like it there. [5]**folgen** follow. [6]**froh** glad. [7]**der Augenblick** moment. [8]**sofo'rt** at once, immediately. [9]**nichts als** nothing but.

EXERCISES 15

A. Antworten Sie auf deutsch!

1. Wo trifft die Stadtmaus die Feldmaus?
2. Wem gehört das Haus in den Augen der Stadtmaus?
3. Was gibt es in der Küche?
4. Wohin folgt die Feldmaus der Stadtmaus?
5. Wer kommt in die Küche?
6. Wohin läuft die Stadtmaus?
7. Warum fürchtet sich die Feldmaus?
8. Warum kommt das Kind nicht zurück?
9. Wohin will die Feldmaus gehen?
10. Was gehört der Stadtmaus?

B. **Gehören** *belong to* is one of a few verbs that require objects to be in the dative case. Sometimes, as in the case of **gehören**, the English meaning suggests this relationship, but not always. Here are a few more sentences with examples of verbs taking the dative. Practice them and make up some more until these constructions are familiar to you.

1. **Gehört dir** dieses Buch?
2. Warum **antwortest** du **mir** nicht?
3. Ich **danke dir** für das neue Auto, lieber Vater!
4. Wir **dienen dem König** nicht mehr!
5. Ich **folge dir** ans Ende der Welt!
6. Warum wollen Sie **uns** nicht **helfen**?
7. Dieses Essen **schmeckt mir** nicht gut!
8. Die Stadt **gefällt mir** gar nicht.

16. DER WOLF UND DER FUCHS

Der Wolf und der Fuchs gehen miteinander[1] durch den Wald. Da sagt der Wolf: „Rotfuchs, gib mir etwas zu fressen, oder ich fresse dich!" Der Fuchs antwortet: „Ich kenne einen Bauern, und dieser Bauer hat zwei Hühner[2] in seinem Garten. Wenn du willst, 5 holen wir uns eins."—„O ja", sagt der Wolf, „das ist mir recht."[3]

---

[1]**eina'nder** each other; **miteina'nder** with one another. [2]**das Huhn** chicken.
[3]**recht** right; **das ist mir recht** that suits me.

Sie gehen also miteinander zu dem Garten des Bauern. Der Fuchs geht leise[4] und langsam um den Garten und holt endlich eines der beiden Hühner. Er bringt es dem Wolf und sagt: „Hier hast du etwas zu fressen“ und läuft weg.

Der Wolf frißt das Huhn, aber er ist noch hungrig, denn ein Wolf ist immer hungrig. Er geht zurück in den Garten und will das andere der beiden Hühner auch holen. Das andere fängt aber an zu schreien. Die Bauern des Dorfes[5] kommen mit schweren Stöcken[6] und schlagen den Wolf so weich wie Butter.

Am nächsten Tag gehen der Wolf und der Fuchs wieder miteinander durch den Wald. Da sagt der hungrige Wolf wieder: „Rotfuchs, gib mir etwas zu fressen, oder ich fresse dich!“ Der Fuchs antwortet: „Ich kenne ein Bauernhaus, da bäckt[7] die Bäuerin jeden Abend Brot, und die Frau ist eine gute Bäckerin. Wenn du willst, können wir uns einige Brote holen.“—„Ja, das ist mir recht“, sagt der Wolf, und beide laufen nun miteinander zu dem Bauernhaus.

Der Wolf läuft in die Küche, frißt die frischen Brote schnell auf und ist immer noch[8] hungrig. Er läuft wieder in die Küche und versucht, noch einige Brote zu nehmen. Aber der Teller[9] fällt vom Tisch auf die Erde. Die Bäuerin kommt und ruft ihren Mann. Der Mann ruft die Bauern des Dorfes, und die Bauern kommen mit schweren Stöcken aus dem Dorf und schlagen den Wolf butterweich.

Am nächsten Tag gehen der Wolf und der Fuchs wieder miteinander durch den Wald. Da sagt der Wolf zu dem Fuchs: „Rotfuchs, gib mir etwas zu fressen, oder ich fresse dich!“ Der Fuchs

---

[4]**leise** soft(ly); gentle, gently. [5]**das Dorf** village. [6]**der Stock** stick, cane. [7]**backen** bake; **der Bäcker** baker (*masc.*); **die Bäckerin** baker (*fem.*). [8]**immer noch** still. [9]**der Teller** plate.

antwortet: „Ich kenne einen reichen Bauern. Dieser Bauer hat viel gutes Fleisch im Keller. Wenn du willst, können wir in den Keller gehen und fressen, so viel wie wir wollen."—„Ja, das ist mir recht!" sagt der Wolf, und beide gehen miteinander zu dem Haus des Bauern.

Der Fuchs zeigt dem Wolf den Weg[10] in den Keller. Da ist nun mehr Fleisch, als beide in einer Woche fressen können. Der Wolf frißt schnell und viel. Er wird immer dicker und immer runder. Der Fuchs frißt auch, aber von Zeit zu Zeit läuft er an das Kellerloch und springt aus dem Keller in den Garten. Er will sehen, ob[11] er noch durch das Loch springen kann. Der Wolf fragt: „Warum springst du immer wieder hin und her?"[12]—„Ich will sehen, ob jemand kommt", antwortet der Fuchs, „darum springe ich immer wieder hin und her."—„Niemand[13] kommt; niemand kommt, bis ich fertig[14] bin, und ich bin nicht fertig, bis kein Fleisch mehr da ist", sagt der Wolf.

Aber der Bauer hört den Fuchs hin und her springen und kommt in den Keller. Der Fuchs springt schnell aus dem Kellerloch in den Garten und entkommt. Dann versucht der Wolf durch das Loch zu springen. Zu spät!

Er ist zu dick und fett. Die Bauern des Dorfes kommen, und der Wolf stirbt unter den schweren Stöcken der Bauern und den scharfen Zähnen der Hunde.

Niemand aber freut sich mehr als der Fuchs, denn der Wolf kann nicht mehr zu ihm sagen: „Rotfuchs, gib mir etwas zu fressen, oder ich fresse dich!"

EXERCISES 16

A. Sind diese Sätze richtig oder falsch?

1. Der Fuchs holt dem Wolf zwei Hühner.
2. Ein Wolf hat in Fabeln immer Hunger.
3. Der Wolf frißt das zweite Huhn auf.
4. Der Wolf hat am zweiten Tag keinen Hunger.
5. Die Bäuerin bäckt Brote für den Wolf.

---

[10]**der Weg** way; path, road. [11]**ob** whether. [12]**hin und her** back and forth. [13]**niemand** nobody, no one. [14]**fertig** ready, done, finished.

6. Es ist dem Wolf recht, daß der Fuchs ihm Brot holt.
7. Die Bäuerin kommt, weil der Wolf schreit.
8. Der Bauer hat Hühner in seinem Keller.
9. Der Fuchs springt immer wieder durch das Kellerloch.
10. Der Wolf will das Fleisch ganz auffressen.
11. Der Wolf entkommt durch das Kellerloch.
12. Der Fuchs freut sich sehr darüber, daß der Wolf tot ist.

B. **Die Bäuerin** and **die Bäckerin** are feminine nouns derived from masculine nouns by adding the suffix **–in**. Make similar feminine nouns from the following words. Note that the stressed vowels are umlauted when they can be, as in **der Bauer** > **die Bäuerin.** Why is **der Professor** not an exception to this rule?

der Arzt	der Fuchs
der Professor	der Hund
der Bäcker	der Lehrer
der König	der Tiger
der Bauer	der Wolf

What do you think it suggests about traditional views of rural society that a **Bäuerin** usually is taken to mean a farmer's wife, while an **Ärztin** is a doctor who happens to be female? What could a **Bäuerin** also presumably be?

17. DER WOLF WILL FISCHE FANGEN

Ein Wolf und ein Fuchs gehen miteinander auf eine Reise.[1] Sie reisen zusammen durch Dörfer, Wälder und Felder. Es ist Winter. Es friert,[2] es ist eiskalt. Hoher Schnee liegt auf der Erde und auf den Bäumen. „Ich habe großen Hunger", sagt der Fuchs zu dem Wolf. „Wenn wir nicht bald etwas zu essen bekommen, fresse ich Eis und Schnee."—„Ein böses Wetter ist es", antwortet der Wolf, „ein Hundewetter! Wenn wir nicht bald etwas zu essen bekommen, fresse ich meine eigenen Ohren." So laufen sie zusammen über das Feld.

Da sehen sie auf einmal weit weg ein Bauernmädchen. Das Mädchen trägt einen Korb[3] auf dem Kopf. Der Fuchs hat eine gute Nase und sagt: „Wolf, meine Nase sagt mir etwas."—„Was

---

[1]**die Reise** journey, trip; **reisen** travel. [2]**frieren** freeze. [3]**der Korb** basket.

sagt dir denn deine Nase?" fragt der Wolf. „Du dummes Tier, riechst du denn nichts?" fragt der Fuchs. „Ja, jetzt rieche ich etwas. Ich rieche Brot. Ich rieche schönes, frisches Brot."—„Du hast recht",[4] sagt der Fuchs, „das gute Bauernmädchen bringt uns 5 frisches Brot. Welch ein gutes Mädchen!"

„Uns?" fragt der Wolf. „Wie können wir das Brot denn bekommen?"—„Das verstehst du nicht, du dummes Tier, aber es ist sehr leicht. Ich lege mich auf die Erde wie tot. Dann kommt das freundliche Mädchen, um mich zu holen, denn mein Pelz[5] 10 gefällt einem Mädchen. Sie stellt ihren Korb auf den Schnee, und du nimmst dann den Korb mit dem Brot und läufst, so schnell wie du kannst. Verstehst du nun, du dummes Tier?"

Der Fuchs legt sich wie tot auf die Erde. Der Wolf wartet hinter einem Baum. Das Mädchen kommt, sieht den schönen 15 Fuchs auf der Erde liegen und denkt: „Was für ein schöner Pelz! Was für schöne Handschuhe[6] mache ich aus dem Pelz." Sie stellt den Brotkorb in den Schnee und will den Fuchs aufheben.[7] Aber in diesem Augenblick kommt der Wolf, nimmt den Korb und läuft, so schnell wie er kann. Der Fuchs springt auf und folgt dem 20 Wolf.

Der Wolf will aber das Brot allein fressen. Er will es nicht mit dem Fuchs teilen. Er versucht, schneller zu laufen als der Fuchs, aber der Fuchs läuft schneller als er. Auch kennt der Fuchs den Wolf. Er denkt: „Ein Wolf wird älter, aber nicht besser." Der Fuchs 25 ist böse. Endlich kommen sie an einen Teich. Der Fuchs ruft: „Halt![8] Bleib stehen!"[9] Sie bleiben stehen, und der Wolf öffnet[10] den Korb.

„Warte", sagt der Fuchs, „wollen wir nicht einige Fische mit dem Brot essen? Welch ein wunderbares Essen! Frisches Brot und 30 Fisch! Ein Essen für Könige."

„Fisch mit frischem Brot ist nicht schlecht, das ist wahr. Aber wie bekommen wir die Fische? Kannst du Fische fangen?"

„Nein, ich nicht, aber du kannst Fische fangen, Wolf. Ich verstehe nichts, du verstehst alles, auch wie man das macht. Hänge 35 deinen Schwanz[11] in das Wasser dieses Teiches. Bald kommen die Fische und beißen. Wenn einer beißt, ziehst du den Schwanz

---

[4]**recht haben** be right. [5]**der Pelz** fur, pelt. [6]**der Handschuh** glove. [7]**heben** lift; **aufheben** pick up. [8]**halten** hold, keep; **halt!** halt! stop! [9]**stehenbleiben** stop. [10]**öffnen** open. [11]**der Schwanz** tail.

heraus, und schon[12] haben wir den schönsten Fisch. Schnell, hänge den Schwanz ins Wasser und halte still. Es friert schon!"

Der Wolf geht an den Teich und hängt seinen Schwanz ins Wasser. Nach einigen Minuten aber hängt der Schwanz nicht mehr im Wasser, sondern im Eis, denn es friert sehr stark. Der Wolf sitzt im Eis. Das Eis hält ihn fest,[13] sehr fest. 5

Der Fuchs öffnet den Korb, frißt das Brot vor den Augen des Wolfes und sagt dann: „Kluger Wolf, nun mußt du warten, bis es wärmer wird. Im schönen Monat Mai wird es wärmer, und dann sehen wir uns wieder." 10

EXERCISES 17

A. Antworten Sie auf deutsch!

1. Wie ist das Wetter, als der Fuchs und der Wolf reisen?
2. Was liegt auf der Erde?
3. Wen sehen die Tiere weit weg?
4. Was riecht der Fuchs?
5. Was hat der Fuchs, das das Mädchen haben will?
6. Was will das Mädchen für sich machen?
7. Wo bleibt der Wolf stehen?
8. Was will der Fuchs mit dem Brot essen?
9. Wie kann der Wolf Fische fangen?
10. Warum bekommt der Wolf kein Brot?

B. You have already learned about two types of nouns derived from verbs: those ending in **–ung** (Part One, Exercise 25.B) and neuter nouns formed from infinitives (Part Two, Exercises 6–8.B). They are not the only kinds. **Die Reise** is a feminine noun related to the infinitive **reisen**. Construct similar nouns from the following infinitives and guess what they might mean. Look them up in a dictionary if you are not reasonably sure. Historically speaking, some of these infinitives were derived from the nouns, rather than the other way around.

sagen	krähen	folgen
bitten	suchen	lehren
fragen	sonnen	stellen

[12]**schon** already, before you know it. [13]**fest** tight(ly), firm(ly).

Here are a few nouns of this type that have minor vowel changes compared to the verbs. Give the infinitives of the verbs they are related to.

die Hilfe
die Wäsche
die Sprache

What noun do you think is related to the verb **färben** *dye*?

18. DER ESEL UND DAS PFERD

Ein Bauer und eine Bäuerin gehen eines Tages[1] mit ihrem Pferd und ihrem Esel zum Markt.[2] Dort wollen sie ihr frisches Gemüse verkaufen.[3] Die Bäuerin reitet[4] auf dem Pferd, aber der arme Esel muß das ganze Gemüse auf seinem Rücken zum Markt tragen. 5 Die Sonne scheint heiß herunter. Der Weg ist lang, und der arme Esel kann fast nicht mehr gehen. Er sagt zum Pferd: „Lieber Freund, ich brauche Hilfe.[5] Ich kann nicht lange gehen, die Sonne ist zu heiß, und das Gemüse ist zu schwer. Kannst du einen Teil von dem Gemüse auf deinem starken Rücken tragen? Die Bäuerin 10 ist doch nicht sehr schwer."

Das Pferd aber will nichts von Gemüse hören. „Ich bin doch ein Pferd", sagt das große Tier. „Pferde tragen Menschen. Esel tragen Gemüse." Von dem Pferd bekommt der Esel also keine Hilfe. Er muß das schwere Gemüse allein tragen.

15 Nach einer halben Stunde kann er nicht mehr gehen. Er fällt hin und ist tot. Jetzt bindet der Bauer dem Pferd das Gemüse auf den Rücken, und das Pferd muß nicht nur die Bäuerin sondern auch[6] das ganze Gemüse allein zum Markt tragen.

19. DIE FREUNDE UND DER BÄR[7]

Zwei Freunde gehen durch einen Wald. Auf einmal kommt ein 20 Bär. Der erste Freund sieht den Bären, fürchtet sich sehr und steigt auf einen Baum, ohne dem anderen Freund etwas zu sagen.

---

[1]**eines Tages** one day. [2]**der Markt** market. [3]**verkaufen** sell. [4]**reiten** ride; **der (die) Reiter(in)** rider. [5]**die Hilfe** help. [6]**nicht nur . . . sondern auch** not only . . . but also. [7]**der Bär** bear.

Für den zweiten Freund ist es zu spät. Er kann den Bären nicht allein töten. Er legt sich schnell wie tot auf die Erde, weil man ihm gesagt[8] hat, daß ein Bär keinen toten Menschen frißt.

Als er nun wie tot auf der Erde liegt, kommt der Bär. Er kommt näher, bleibt über dem Körper des Mannes stehen, fühlt mit seiner Zunge den Kopf des Mannes, fühlt seine Nase und endlich auch seine Ohren. Aber der Mann liegt wie tot auf der Erde, und der Bär geht weiter.

Nach einigen Minuten kommt der erste Freund vom Baum herab und sagt zu dem zweiten: „Der Bär hat dir etwas ins Ohr[9] gesagt. Was hat er dir gesagt, lieber Freund?"—„Dieser Bär war ein kluges Tier. Er hat mir ins Ohr gesagt: ‚Dein Freund sitzt dort auf dem Baum und läßt dich ganz allein mit einem wilden Tier. Such dir[10] einen besseren Freund!' "

20. DER BÄR, DER LÖWE UND DER FUCHS

Ein Bär kommt aus dem Wald. Zur selben Zeit kommt auch ein Löwe aus dem Wald. Sie sehen im gleichen Augenblick einen toten

[8]**gesagt** said, told. [9]**dir . . . ins Ohr** in your ear: *dative pronoun . . . + definitive article + body part = possessive adjective + body part.* [10]**dir** *here* for yourself.

Hasen auf dem Weg liegen. Beide haben Hunger und laufen hin, um das Tier zu fressen. Jeder will den Hasen für sich haben. Sie beißen sich[11] und schlagen sich. Keiner ist stärker als der andere. Keiner bekommt den Hasen.

5 Nach einer Stunde wissen sie fast nicht mehr, warum sie streiten.[12] Sie sehen auch nicht, wie der Fuchs aus dem Wald kommt. Der Fuchs sieht die großen Tiere streiten, nimmt den Hasen und läuft in den Wald.

„Wenn zwei sich streiten, freut sich der dritte", denkt der 10 Fuchs.

21. WAHRE FREUNDSCHAFT[13]

Unter einem Küchenfenster liegen zwei Hunde in der warmen Sonne. Die Hunde haben gut gegessen[14] und sind glücklich und zufrieden.[15] Sie sprechen über vieles, über gute und schlechte Herren, Häuser und Felder, Essen und Trinken, und endlich 15 sprechen sie auch über Freunde und Freundschaft.

„Nichts ist schöner als wahre Freundschaft", sagt der erste. „Nichts ist besser, als mit einem wahren Freund alles zu teilen. Nichts ist schöner, als einem armen Freund alles zu geben, ihm zu dienen und ihn ganz glücklich zu machen. Von dieser Stunde 20 an wollen wir Freunde sein. Wir wollen füreinander leben und sterben. Wollen wir das, lieber Freund?"

„Ja", sagt der andere, „das wollen wir. Nichts soll[16] größer sein als unsere Freundschaft. Warum sollen wir böse aufeinander[17] sein? Warum sollen wir Feinde[18] sein? Warum sol- 25 len wir einander in die Ohren und die Beine beißen? Das sollen die Menschen tun, und sie tun es ja[19] auch jeden Tag. Wir wollen besser sein als die Menschen. Nichts ist größer als unsere Freundschaft. Gib mir deine Hand."

„Hier ist meine Hand", antwortet der erste, „nichts ist stärker 30 als unsere Freundschaft."

---

[11]**sich** *here* each other. [12]**streiten** fight. [13]**die Freundschaft** friendship. [14]**gegessen** eaten. [15]**zufrie'den** satisfied. [16]**sollen** should, be supposed to. [17]**böse aufeinan'der** angry at one another. [18]**der Feind** enemy. [19]**ja** *here* in fact, indeed.

Aber im nächsten Augenblick fällt ein Stück Fleisch aus dem Küchenfenster. Es fällt zwischen die neuen, wahren Freunde. Beide springen auf, beide zeigen ihre Zähne, beide wollen das Stückchen Fleisch nehmen. Sie fangen an zu streiten. Jeder versucht, seinen neuen, wahren Freund zu töten. 5

EXERCISES 18–21

A. Answer the following sentences with **ja** or **nein,** followed by complete sentences. If the answer is **nein,** continue with another sentence that gives correct information.

1. Gehen die Leute und die Tiere zum Markt?
2. Reitet die Bäuerin auf dem Esel?
3. Ist das Wetter kalt?
4. Braucht der Esel Hilfe?
5. Will das Pferd dem Esel helfen?
6. Sollen wir aus dieser Fabel lernen, anderen zu helfen?

7. Fürchten sich beide Freunde vor dem Bären?
8. Steigen beide Freunde auf einen Baum?
9. Hat der Bär dem einen Freund etwas ins Ohr gesagt?

10. Kommt der Löwe nach dem Bären aus dem Wald?
11. Fressen der Löwe und der Bär Hasen nicht gern?
12. Streitet der Löwe sehr lange mit dem Bären?
13. Freut sich der Fuchs darüber, daß sich die anderen Tiere streiten?

14. Liegen die zwei Hunde unter einem Küchenfenster?
15. Sprechen die zwei Hunde über das Wetter?
16. Wollen die zwei Hunde Freunde sein?
17. Fällt ein Stück Brot aus dem Küchenfenster?
18. Sind die Hunde wahre Freunde?

B. Many nouns describing what people do are made by adding the endings **–er** and **–erin** to verb stems, as in **der Reiter** and **die Reiterin** from **reit(en).** Make similar nouns from the following verbs and tell what they mean.

lehren	fahren	helfen
schreiben	arbeiten	trinken
sprechen	lernen	denken
spielen	schwimmen	fliegen
finden	springen	

In the following examples, the vowel adds an umlaut.

anfangen
schlafen
laufen
tanzen

22. RÄTSEL[1]

a. Was hat zwei Köpfe, zwei Arme und sechs Füße?

b. Welche alte Uhr geht nur bei Tag?

c. Ich spreche alle Sprachen der Welt und habe keine Sprache gelernt.[2] Wer bin ich?

d. Warum läuft der Hase über den Berg?

e. Welche Fische haben die Augen am nächsten zusammen?

f. Ich bin fertig, aber man macht mich jeden Tag. Wer bin ich?

g. In welchem Monat sprechen die Professoren am wenigsten?

h. Ich habe keinen Anfang und kein Ende. Wer bin ich?

i. Warum fressen die weißen Schafe[3] mehr als die schwarzen?

j. Ein Mann hat einen Wolf, ein Lamm und einen Korb Gemüse. Er will den Wolf, das Lamm und das Gemüse über einen Fluß bringen.

---

[1]**das Rätsel** riddle. [2]**gelernt** learned. [3]**das Schaf** sheep.

Er hat ein Boot,[4] aber das Boot ist sehr klein. Er kann den Wolf, das Lamm und den Korb Gemüse nicht zu gleicher Zeit über den Fluß bringen, sondern nur den Wolf allein oder das Lamm allein oder den Korb Gemüse allein.

Aber, bringt er zuerst[5] den Wolf hinüber,[6] dann bleibt das Lamm mit dem Gemüse allein, und das Lamm frißt das Gemüse. Bringt er zuerst das Gemüse hinüber, dann bleibt der Wolf mit dem Lamm allein, und der Wolf frißt das Lamm. Was soll der arme Mann nun tun?

Die Antworten

a. ein Reiter und sein Pferd.

b. Die Sonnenuhr.

c. Das Echo.

d. Er kann nicht durch den Berg laufen.

e. Die kleinsten Fische.

f. Das Bett.

g. Im Februar.

h. Der Ring.

i. Es gibt mehr weiße Schafe als schwarze.

j. Er bringt zuerst das Lamm hinüber und holt dann den Korb Gemüse. Aber das Lamm nimmt er wieder mit, so daß das Lamm das Gemüse nicht fressen kann. Dann bringt er den Wolf hinüber, denn der Wolf frißt kein Gemüse. Nun holt er endlich das Lamm, und so sind der Wolf, das Lamm und der Korb Gemüse glücklich auf der anderen Seite des Flusses.

EXERCISES 22

A. Antworten Sie auf deutsch!

1. Was haben Rätsel mit Fabeln zu tun?
2. Welche dieser Rätsel spielen mit der Bedeutung der Wörter?

---

[4]**das Boot** boat. [5]**zue'rst** (at) first. [6]**hinü'ber** over, across.

3. Warum lacht man manchmal über ein Rätsel?
4. Wieviele Teile hat jedes Rätsel?
5. Warum ist das letzte Rätsel (der Mann mit dem Wolf, dem Lamm und dem Korb Gemüse) ein Rätsel und keine Fabel? Können Sie eine Fabel daraus machen?

B. There are many masculine nouns like **der Teil** *part, portion* related to verbs like **teilen** *divide*. Note that the verbal nouns such as **das Teilen** *(the act of) dividing* refer specifically to the action described by the verb, while the nouns listed here are more varied in their meanings. What do the following nouns mean and to which verbs are they related?

der Fang	der Beginn	der Biß
der Tanz	der Anfang	der Ruf
der Lauf	der Fall	der Koch
der Schlaf	der Glaube	der Regen
der Versuch	der Wunsch	

C. Fables are common in many traditions. The animals that occur in them tend to be ones that are known to the people who tell the fables. The lion came into Central Europe with Greek and Roman fables and remained a central figure in German versions. However, animals such as **der Elefant, der Tiger,** and **das Krokodil** seldom occur in German fables. Do you know a fable, perhaps from South Asia or Africa, involving one of these animals? Try to tell it in German.

IDIOMS USED IN THE TEXT

Idioms are given here, as in Part One, with their English equivalents and with numbers in parentheses that refer to the sections and footnote numbers where the expressions first occur in the text so that you can find them in context.

noch nicht not yet. (1.3)
das freut mich that makes me happy. (2.13)
sich fürchten vor be afraid of. (2.14)
ein Stück Käse a piece of cheese. (5.13)

(Continued)

um . . . zu + *infinitive* in order to + *infinitive*. . . . (5.14)
sich freuen über be glad about. (5.18)
ohne . . . zu + *infinitive* without + *verb* + –ing. . . . (6.3)
sich setzen sit down. (7.6)
heute abend this evening. (8.10)
immer wieder again and again. (9.5)
etwas Gutes something good. (10.10)
gar nicht not at all. (10.11)
seit Wochen for weeks. (10.12)
lachen über laugh at, laugh about. (10.13)
böse auf angry at. (10.14)
auf einmal suddenly, all at once. (10.18)
noch ein another, one more. (12.8)
aus . . . hinaus (heraus) out of. . . . (13.3)
vor Hunger of hunger. (14.6)
was für ein what sort (kind) of (a). (15.2)
es gefällt mir I like it. (15.4)
nichts als nothing but. (15.9)
das ist mir recht that suits me. (16.3)
immer noch still. (16.8)
hin und her back and forth. (16.12)
recht haben be right. (17.4)
stehenbleiben stop. (17.9)
eines Tages one day. (18.1)
nicht nur . . . sondern auch not only . . . but also. (18.6)
dir . . . ins Ohr in your ear. (19.9)

VOCABULARY

List A

backen	der Bär	das Boot
der Bäcker	binden	dumm

Continued

der Durst
durstig
das Echo
fett
frei
der Frosch
der Fuchs
der Gott
halten
hungrig
die Idee
kosten
das Lamm
der Markt
miauen
natürlich
das Netz
selbst
setzen
springen
unter

(List B)

ab
aufblasen
der Augenblick
der Bauer
beide
bellen
bewachen
bleiben
brüllen
der Brunnen
–chen (*diminutive suffix*)
darum
daß
dienen
doch
das Dorf
durch
dürfen
eigen
einander
das Eisen
endlich
entkommen
erstaunt
etwas
fangen
die Feder
der Fehler
der Feind
fertig
fest
die Flasche
der Fluß
folgen
fremd
fressen
freuen
die Freundschaft
frieren
froh
fürchten
gar
gefallen
gehören
glauben
gleich
der Handschuh
heben
her
die Hilfe
hin
holen
das Huhn
jetzt
kaputt
der Käse
die Kette
klug
der König
der Korb
die Krähe
lachen
lassen
leise
lieb
das Loch
der Löwe
die Mauer
niemand
ob
oben
öffnen
der Pelz
platzen
das Rätsel

(*Continued*)

recht	der Stein	versuchen
die Reise	die Stelle; stellen	vielleicht
reisen	der Stock	der Vogel
reiten	streiten	wahr
das Schaf	das Stück	während
der Schnabel	suchen	der Weg
schon	teilen	weg
der Schwanz	der Teller	weil
das Schwein	tot	die Welt
seit	töten	wo
sich	treffen	wünschen
sofort	trotzdem	ziehen
sollen	um	zuerst
der Stachel	verkaufen	zufrieden
steigen		

Part Three

Anekdoten und Erzählungen

Anekdoten und Erzählungen

Storytelling has been a favorite preoccupation of humans since before the dawn of history. Anecdotes and stories, in contrast to fables, have human actors and are normally treated as events that actually happened, or at least could have happened. The crucial element in an anecdote is often the "punch line," the surprise ending that gives the story a peculiar twist. The effect of the peculiar twist may be surprise or shock, but it is most commonly amusement or even laughter. That is usually the effect we hope to achieve when we tell anecdotes to our friends. The advantage of anecdotes in foreign-language classes is that to "get the point" one must understand the text, and everyone wants to get the point!

1. KÖNIGE SIND SELTEN

Ein König reiste durch sein Land. Auf seiner Reise kam er durch ein kleines Dorf. Er ging in ein Wirtshaus[1] und sagte zu dem Wirt: „Herr Wirt, bringen Sie mir zwei frische Eier, Brot, Butter und eine Flasche alten Wein."

5 Der Wirt ging in die Küche und brachte alles, was[2] der König wünschte, zwei frische Eier, Brot, Butter und eine Flasche alten Wein. Der König setzte sich an den Tisch und aß und trank mit gutem Appetit.

Nach dem Essen sagte der König zu dem Wirt: „Herr Wirt,
10 ich will bezahlen;[3] was kostet das Essen?"

„Zwei frische Eier, Brot, Butter und eine Flasche Wein kosten zusammen zweihundert Taler",[4] sagte der Wirt.

„Zweihundert Taler?" rief der König sehr erstaunt. „Wofür soll ich zweihundert Taler bezahlen?"

15 „Für die Eier", antwortete der Wirt.

„Sind denn Eier so selten in diesem Dorf?" fragte der König.

---

[1]**der Wirt** (host, innkeeper) + **das Haus** (house) = **das Wirtshaus** inn [2]**alles, was** everything that. [3]**bezahlen** pay. [4]**der Taler** thaler, dollar (*old monetary unit*).

„Nein", antwortete der Wirt, „Eier sind gar nicht selten, aber Könige sind so selten wie schöne Sommertage im Winter."

Der König freute sich über diese Antwort und bezahlte dem klugen Wirt zweihundert Taler für das Essen.

2. KÖNNEN SIE SCHWEIGEN?[5]

Ein Student ging mit seiner Professorin durch den Park in der Nähe[6] der Universität. Der Student sollte am nächsten Morgen ein schweres Examen machen. Er fürchtete sich vor dem Examen und dachte: „Wenn ich mit der Professorin ins Wirtshaus gehe und Kaffee und Kuchen[7] für sie bezahle, sagt sie mir vielleicht, wie das Examen ist." Der Kaffee war gut und frisch, und der Kuchen schmeckte der Professorin sehr gut. Die Professorin dankte dem Studenten, als er alles bezahlte. Auf dem Weg zurück zur Universität konnte der Student nicht länger warten und sagte: „Bitte, sagen Sie mir was für Fragen in meinem Examen sind!" Die Professorin war so erstaunt, daß sie zuerst nur schwieg. Da sagte der Student noch einmal:[8] „Ich muß wissen, was ich für mein Examen lernen muß. Ich tue alles, was Sie wollen, wenn Sie es mir sagen." Die Professorin blieb stehen, sah den Studenten lange an[9] und fragte: „Können Sie schweigen?"

Der Student war sehr glücklich und sagte schnell: „Natürlich. Das verspreche[10] ich Ihnen. Ich kann sehr gut schweigen."

Da sagte die Professorin dem Studenten leise ins Ohr: „Ich auch!"

EXERCISES 1–2

A. Antworten Sie auf deutsch!

1. Wo aß der König auf seiner Reise?
2. Worüber war der König erstaunt, als er bezahlen wollte?

---

[5]**schweigen** be silent; keep quiet (about something). [6]**die Nähe** vicinity. [7]**der Kuchen** cake. [8]**noch einmal** again, once more. [9]**ansehen** look at. [10]**versprechen** promise.

3. Was ist selten in dem Dorf?
4. Warum gefiel dem König die Antwort des Wirts?

5. Warum fürchtete sich der Student?
6. Warum ging der Student mit der Professorin ins Wirtshaus?
7. Wie schmeckte der Kuchen?
8. Wofür dankte die Professorin dem Studenten?
9. Warum war der Student zuerst sehr glücklich über die Antwort der Professorin?

B. Note the last sentence in Section 2: **Da sagte die Professorin dem Studenten leise ins Ohr: „Ich auch.“** The English equivalent of the expression **dem Studenten . . . ins Ohr** means *"in the student's ear."* In German, references to parts of one's body are normally made with a noun or pronoun referring to the person and with a definite article preceding the body part, as in the following sentences. Repeat these sentences, note how you would express the same idea in English, and use similar sentences to talk about yourself.

1. Ich wasche mir die Hände.
2. Warum siehst du mir nicht in die Augen?
3. Du sollst dir die Haare waschen!
4. Warum sagt sie es mir nicht ins Gesicht?

3. DER KLUGE ELEFANT

Ein Professor besuchte[1] den Zoo.[2] Dort sah er einen großen Elefanten. Einige Kinder standen vor dem Elefanten und gaben ihm etwas zu fressen. Ein Student kam und sagte: „Nun ist es genug, Kinder, der arme Elefant wird zu rund und fett. Gebt ihm nichts 5 mehr.“ Der Professor kannte den Studenten, denn dieser studierte an der Universität und arbeitete auch jede Woche zwanzig Stunden im Zoo.

Der Professor ging zu dem Studenten und sagte: „Ich höre, Elefanten sind sehr klug. Ist das wahr?“ „Das ist wahr“, sagte der 10 Student. „Er kann zum Beispiel ein Fünfmarkstück[3] in eine

[1]**besuchen** visit. [2]**der Zoo = der zoologische Garten.** [3]**das Fünfma'rkstück** five-mark piece (*largest German coin*).

Tasche[4] stecken.[5] Geben Sie ihm ein Fünfmarkstück und er steckt es in meine Tasche."

Der Professor gab dem Elefanten ein Fünfmarkstück, und der Elefant steckte es in die Tasche des Studenten. „Das ist sehr interessant,[6] das ist wunderbar!" rief der Professor. „Aber jetzt muß er mir mein Geld zurückgeben."[7] 5

„Das kann er nicht und das will er auch nicht", lachte der Student. Und alle Kinder hörten es und lachten auch.

4. KARLCHEN

Der kleine Karl hat viel Humor.[8] Er sagt und tut die witzigsten[9] Dinge.[10] Einmal fragte der Lehrer ihn in der Schule:[11] 10

„Karlchen, wie alt ist dein Großvater?"

„Das weiß ich nicht, Herr Lehrer", antwortete Karlchen, „aber wir haben ihn schon sehr lange."[12]

Ein anderes Mal fragte der Lehrer: „Karlchen, wieviele Beine hat ein Pferd?" Karlchen antwortete: „Ein Pferd hat vier Beine, 15 das heißt, an jeder Ecke eins."

„Sage mir ein Verb", sagte der Lehrer einmal.

„ ‚Essel' ist ein Verb", antwortete Karlchen.

„ Ist das richtig? Wie kann ‚Esel' ein Verb sein?"

---

[4]**die Tasche** pocket. [5]**stecken** stick, put. [6]**interessa'nt** interesting. [7]**zurü'ckgeben** give back, return. [8]**Humo'r haben** be funny, have a sense of humor. [9]**witzig** funny, witty. [10]**das Ding** thing. [11]**in der Schule** in (at) school. [12]**wir haben ihn schon lange** we have had him for a long time: *present tense +* **schon** *+ time expression (in German) = present perfect tense + time expression (in English).*

„Mein großer Bruder sagt immer: ‚Du Esel, wir Esel, ihr Esel' usw.; also ist ‚Esel' ein Verb."

Eines Tages erklärte[13] der Lehrer die Wörter „konkret" und „abstrakt". Er erklärte: „Ich sehe den Tisch, das Buch und das Fenster. Das Fenster, der Tisch und das Buch sind konkret. Aber die Zeit oder die Stunde kann ich nicht sehen. Die Zeit und die Stunde sind abstrakt. Nun, Karlchen, sage mir einen Satz mit den Wörtern ‚konkret' und ‚abstrakt'."

„Das ist ganz leicht", sagte Karlchen, „hier ist ein guter Satz: ‚Meine Hände sind im Sommer konkret und im Winter abstrakt.' "

„Diesen Satz verstehe ich nicht; den mußt du mir erklären."

„Das kommt durch die Handschuhe, Herr Lehrer", erklärte Karlchen. "Im Winter trage ich Handschuhe, und dann sind meine Hände abstrakt. Im Sommer trage ich keine Handschuhe, und dann sind sie konkret."

Einmal ging Karlchen allein auf eine Reise. Er reiste zu seiner Großmutter. In einer großen Stadt hielt[14] der Zug zehn Minuten. Karlchen stieg aus dem Wagen[15] des Zuges. Er sah die Nummer[16] seines Wagens und dachte: „1492 (vierzehnhundertzweiundneunzig). Diese Nummer kann ich nicht vergessen.[17] Im Jahre 1492 hat Kolumbus Amerika entdeckt.[18] Niemand kann vergessen, wann[19] Kolumbus Amerika entdeckt hat." Nun ging er neben dem Zug hin und her. Auf einmal hörte er jemand rufen: „Bitte einsteigen!"[20] Aber Karlchen konnte nicht einsteigen, denn er wußte die Nummer seines Wagens nicht mehr. Er fing an zu weinen[21] und schrie laut: „Wann hat Kolumbus Amerika entdeckt? Wann hat Kolumbus Amerika entdeckt?"

Endlich kam ein Herr und sagte: „Warum weint denn dieser große Junge? Was ist geschehen?"[22]—„Nichts ist geschehen", antwortete Karlchen, „ich will nur wissen, wann Kolumbus Amerika entdeckt hat."—„Im Jahre 1492", sagte der Herr sehr erstaunt, und Karlchen ging zu dem richtigen Wagen, stieg in den Zug und reiste weiter.

---

[13]**erklären** explain. [14]**halten** *here* stop. [15]**der Wagen** coach, car, wagon. [16]**die Nummer** number. [17]**vergessen** forget. [18]**entdecken** discover. [19]**wann** when. [20]**einsteigen** get in (*used primarily with vehicles*). [21]**weinen** cry, weep. [22]**geschehen** happen; **was ist geschehen?** what happened?

EXERCISES 3–4

Antworten Sie auf deutsch!

1. Warum sollten die Kinder dem Elefanten nichts mehr zu fressen geben?
2. Woher kannte der Professor den Studenten?
3. Wie zeigte der Student dem Professor, daß der Elefant sehr klug war?
4. Wohin steckte der Elefant das Fünfmarkstück?
5. Warum lachten die Kinder über den Professor?

6. Was sagte Karlchen über seinen Großvater?
7. Warum dachte Karlchen, daß ,,Esel'' ein Verb ist?
8. Was für ein Beispiel gab Karlchen für die Wörter ,,konkret'' und ,,abstrakt''?
9. Wohin reiste Karlchen mit dem Zug?
10. Was dachte Karlchen, als er die Nummer des Wagens sah?
11. Worüber war der Herr so erstaunt?

5. EIN KÖNIG FINDET SEINEN MEISTER[1]

Als ein König eines Tages auf die Jagd[2] ritt, verlor[3] sein Pferd ein Hufeisen.[4] Der König ritt langsam durch Wald und Feld, bis er in ein kleines Dorf kam. Er suchte einen Schmied[5] und fand endlich einen.

„Ich brauche ein neues Hufeisen für mein Pferd", sagte er zum Schmied. 5

Der Schmied nahm ein Stück Eisen und legte es ins Feuer. Er machte ein gutes, starkes Hufeisen und gab es dem König. Der König nahm das Eisen in seine starken Hände und zerbrach[6] es. Er hielt die beiden Stücke[7] in den Händen und sagte: 10

„Nimm besseres Eisen, Schmied. Nur das beste Eisen ist stark genug für mein Pferd."

Der Schmied nahm ein neues Stück Eisen und legte es ins Feuer. Wieder machte er ein starkes Hufeisen und gab es dem

---

[1]**der Meister** master. [2]**die Jagd** hunt. [3]**verlieren** lose. [4]**der Huf** (hoof) + **das Eisen** (iron) = **das Hufeisen** horseshoe. [5]**der Schmied** blacksmith. [6]**brechen** break; **zerbrechen** break to pieces. [7]**die beiden Stücke** the two pieces.

König. Der König nahm auch dieses Eisen in seine Hände und zerbrach es.

„Nimm besseres Eisen", sagte der König noch einmal. „Nur das beste und stärkste Eisen ist gut genug für mein Pferd."

5 So zerbrach der König noch mehrere[8] Hufeisen. Endlich sagte er: „Dieses ist gut genug." Der Schmied schlug das Eisen an den Huf des Pferdes. Der König stieg auf sein Pferd, gab dem Schmied einen Silbertaler[9] und sagte: „Auf Wiedersehen!"

Aber der Schmied rief den König zurück.[10] „Halt", rief er, 10 „dieser Silbertaler ist schlecht. Er ist nicht stark genug für mich." Im nächsten Augenblick brach er ihn vor den Augen des Königs in zwei Stücke.

Der König gab dem Schmied einen anderen Silbertaler. Der Schmied nahm auch diesen zwischen seine starken Finger und 15 brach ihn in zwei Stücke. So zerbrach er noch mehrere Silbertaler, bis der König ihm endlich ein Goldstück gab.

Der König ritt weg und dachte: „In diesem Schmied habe ich meinen Meister gefunden."[11]

Diese Anekdote erzählt[12] man von August dem Starken. 20 August der Starke war König von Sachsen[13] und lebte von 1670 (sechzehnhundertsiebzig) bis 1733 (siebzehnhundertdreiunddreißig).

[8]**mehrere** several. [9]**das Silber** silver. [10]**zurü'ckrufen** call back. [11]**gefunden** found. [12]**erzählen** tell. [13]**Sachsen** Saxony.

6. MENDELSSOHN UND FRIEDRICH DER GROSSE

Moses Mendelssohn war ein berühmter[14] Philosoph. Er war der Großvater des berühmten Komponisten[15] Felix Mendelssohn und ein guter Freund Lessings und Friedrichs des Großen.

Mendelssohn besuchte Friedrich den Großen häufig. Eines Tages bat ihn der König, zum Abendessen zu kommen. Um sieben 5 Uhr waren alle Gäste[16] da, nur Mendelssohn nicht. Der König nahm immer wieder seine Uhr aus der Tasche und sagte: „Wo ist Mendelssohn? Diese Philosophen! So sind die berühmtesten Philosophen! Wenn sie hinter den Büchern sitzen, vergessen sie alles!" 10

Der König und seine Freunde setzten sich an den Tisch. Friedrich nahm ein Stück Papier aus der Tasche und schrieb die Worte: „Mendelssohn ist ein Esel. Friedrich II. (der Zweite)." Er gab das Papier einem Diener[17] und sagte: „Legen Sie es auf Herrn Mendelssohns Teller." 15

Wenige Minuten später kam der Philosoph. Er sagte: "Guten Abend", ging schnell an seinen Platz[18] und fand den kleinen Brief[19] des Königs. Er las den Brief und steckte ihn in die Tasche, ohne ein Wort zu sagen. Dann begann er zu essen.

Da sagte der König: „Was für ein Briefchen steckt der be- 20 rühmte Philosoph Mendelssohn so still und glücklich in die Tasche? Will er uns nicht erzählen, was in dem Briefchen steht und von wem es kommt? Will er es nicht laut lesen?"

Mendelssohn stand auf[20] und sprach: „Ja, ich lese es sehr gern." Dann las er mit lauter Stimme: 25

„Mendelssohn ist *ein* Esel, Friedrich—der *zweite*."

[14]**berühmt** famous. [15]**der Komponi'st** composer. [16]**der Gast** guest. [17]**der Diener** servant. [18]**der Platz** place; seat; square. [19]**der Brief** letter. [20]**aufstehen** stand up, get up, rise.

EXERCISES 5–6

A. Sind diese Sätze richtig oder falsch? Wenn sie falsch sind, korrigieren [*correct*] Sie sie!

1. Das Pferd des Königs verlor ein Hufeisen.
2. Der König suchte einen Professor.
3. Der Schmied zerbrach das Hufeisen.
4. Der Schmied schlug ein Hufeisen an den Huf des Pferdes.
5. Mit einem Silbertaler war der Schmied zufrieden.
6. Diese Anekdote erzählt man von August dem Starken.

7. Moses Mendelssohn war ein berühmter Komponist.
8. Mendelssohn besuchte August den Starken.
9. Mendelssohn kam spät zum Abendessen.
10. Der König und seine Freunde warteten, bis Mendelssohn kam.
11. Mendelssohn steckte den Brief in die Tasche.
12. Mendelssohn las den Brief, wie der König ihn geschrieben hatte.

B. Match each element in the left column with the correct one in the right to make compound nouns. Some may have several possibilities, but you should be able to create exactly ten compound nouns that you have already seen. Use each one in a sentence. Remember that the gender of the compound is determined by its final element, and be sure to insert any connecting letters that are required.

der Wirt	der Korb
der Sommer	die Maus
die Hand	der Tag
die Küche	das Essen
das Brot	das Eisen
das Silber	die Uhr
der Abend	der Schuh
das Feld	das Fenster
der Huf	der Taler
die Sonne	das Haus

7. DER KLUGE RICHTER[1]

In einer Stadt im Norden Deutschlands wohnte ein reicher Mann ganz allein in seinem großen Haus. Seine Frau lebte nicht mehr, aber er hatte zwei Kinder, eine Tochter und einen Sohn. Sie wohnten in einer anderen Stadt und besuchten ihren Vater nur, wenn sie Geld brauchten. 5

Als der Vater eines Tages krank wurde, kamen beide Kinder nach Hause, um ihm zu helfen. Sie stritten sich jeden Tag, denn jeder von ihnen wollte allein mit dem Vater sein. Jeder wollte nach dem Tod[2] des Vaters das große Haus, das Geld, das Land, die Autos usw. für sich haben. Der Sohn erzählte seinem Vater 10 viel Schlechtes über die Schwester, und die Tochter sagte viel Schlechtes über den Bruder. Als der Vater starb, dachten beide Kinder: „Ich weiß, daß ich natürlich alles bekomme, was dem Vater gehört hat."

Der Vater aber hatte vor seinem Tod seinen besten Freund 15 um Rat[3] gebeten.[4] Dieser war ein Richter und ein kluger Mann. Er sollte nach dem Tod des Vaters jedem der Kinder seinen Teil geben. Als der Sohn und die Tochter vor ihm standen, sagte der Richter zu dem Sohn: „Du bist der älteste, also sollst du alles, was deinem Vater gehörte, in zwei Teile teilen." 20

Der Sohn freute sich sehr, als er das hörte, denn er wollte seiner Schwester nur einen ganz kleinen Teil geben und den größten Teil für sich behalten.[5] Aber seine Freude[6] verging[7] schnell, als der Richter zu der Schwester sagte: „Du mußt warten, bis dein Bruder geteilt hat, aber du darfst wählen,[8] welchen Teil 25 du haben willst."

8. SIEBEN ESEL

Ein Bauer hatte sieben Söhne. Diese Söhne waren keine guten Freunde. Sie stritten oft miteinander. Sie stritten mehr, als sie arbeiteten, und der böse Nachbar[9] freute sich über ihren Streit.[10]

---

[1]**der Richter** judge. [2]**der Tod** death. [3]**der Rat** advice. [4]**gebeten** asked. [5]**behalten** keep, retain. [6]**die Freude** joy. [7]**vergehen** dissipate, pass. [8]**wählen** choose. [9]**der Nachbar** neighbor. [10]**der Streit** quarrel; *related to the verb* **streiten.**

Er wartete auf den Tod des alten Vaters dieser sieben Söhne und dachte: „Dieser Streit wird sehr gut für mich sein, wenn der alte Mann stirbt."

Eines Tages rief der Vater seine sieben Söhne zusammen und 5 zeigte ihnen sieben Stöcke. Er nahm diese Stöcke und band sie zusammen. Dann sagte er: „Wer von euch kann diese sieben Stöcke zerbrechen? Wer sie zerbricht, bekommt tausend Mark von mir."

Ein Sohn nach dem anderen versuchte, aber keiner von ihnen 10 konnte es. Jeder versuchte und sagte: „Ich kann es nicht, und niemand kann es. Kein Mensch ist stark genug dazu."[11]

„Nichts ist leichter, als diese Stöcke zu zerbrechen", rief der alte Vater böse; „auch ich bin stark genug dazu." Dann nahm er die Stöcke, zerbrach einen nach dem anderen und warf[12] die 15 Stücke in die Ecke des Zimmers.

„Das kann jedes kleine Kind", riefen die Söhne. „Jeder kann einen nach dem anderen zerbrechen."

Der Vater aber sagte: „Ich wollte euch nur zeigen, was euer Streit bedeutet. Unser Nachbar wartet auf meinen Tod. In den 20 Händen des Nachbarn seid ihr wie diese sieben Stöcke in meinen Händen. Er wird euch zerbrechen, wie ich die Stöcke zerbrach. Er wird alles nehmen, was ihr habt. Euer Streit muß enden. Versteht ihr nun, ihr sieben Esel?"

EXERCISES 7–8

A. Antworten Sie auf deutsch!

1. Wann besuchten die Kinder ihren Vater?
2. Warum wollten beide Kinder allein mit dem Vater sein?
3. Was dachten beide Kinder, als der Vater starb?
4. Wen bat der Vater vor seinem Tod um Rat?
5. Was durfte der Sohn zuerst machen?
6. Was durfte die Tochter machen?
7. Wer hatte es besser, der Sohn oder die Tochter?

[11]**dazu'** for that. [12]**werfen** throw.

8. Was taten die Söhne des Bauern?
9. Worauf wartete der böse Nachbar?
10. Was sollten die Söhne mit den sieben Stöcken machen?
11. Wie zerbrach der Vater die Stöcke?
12. Was wollte der Vater seinen Söhnen mit diesem Beispiel zeigen?

B. Since stories are usually told in the past tense, it is used in most of the *Anekdoten*. Past participles are still footnoted in Part Three if they are irregular, but you can check the list of principal parts of verbs in the *Verb Appendix* if you have any doubts. For further practice with past tense forms, go back to the fables and retell some of them in the past tense.

9. DER EISHÄNDLER[1]

Vor mehr als hundert Jahren[2] kam man auf die kluge Idee, Eis im Winter von den Teichen zu schneiden[3] und unter die Erde zu bringen. Dann brachte man das Eis im Sommer heraus und verkaufte es in den großen Städten. Bald kannte jeder den Eishändler. Er ging mit seinem Pferd und Wagen von Haus zu Haus und trug große Eisstücke in die Küchen. Der Eishändler war nicht reich, aber er bekam genug Geld für ein gutes Leben. 5

Bald kamen aber neue Zeiten und neue Maschinen. Eine der Maschinen konnte Eis elektrisch machen und alles in der Küche elektrisch kalt halten. Die reichen Leute bekamen die neuen Maschinen zuerst. Der Eishändler verkaufte immer weniger Eis. Er wußte nicht, was er machen sollte. 10

Eines Tages hatte der Eishändler eine gute Idee. Sein Pferd fraß immer so viel. Das kostete ihn einen großen Teil seines Geldes. Warum sollte er das Geld nicht für sich behalten? Er gab seinem Pferd also nichts mehr zu fressen. 15

Drei Tage später war die Sonne sehr heiß. Es war ein guter Tag für den Eishändler und er freute sich, daß er jetzt mehr Geld für sich hatte. Der Wagen war besonders[4] voll, weil er viel Eis an einem heißen Tag verkaufen konnte. Das Pferd ging aber langsamer als früher. Auf einmal fiel es hin und war tot. Der Eis- 20

[1]**das Eis + der Händler** (dealer) = **der Eishändler** ice dealer, iceman. [2]**vor . . . hundert Jahren** . . . a hundred years ago. [3]**schneiden** cut. [4]**besonders** especially.

händler saß auf seinem Wagen und konnte es nicht glauben. „Solch ein Unglück!“[5] sagte er. „Das dumme Tier hat immer so viel gefressen. Jetzt hat es endlich gelernt, nicht zu fressen, und dann stirbt es!“

10. WAS KANN EIN PRINZ?

5 Ein König brauchte Soldaten[6] für die Armee seines Landes. Er schickte alte Soldaten aus,[7] um junge Männer zu suchen und zu fangen. Die Soldaten fingen viele junge Leute und schickten sie in die Armee des Königs. Unter vielen anderen fingen sie auch den Sohn einer armen Frau.

10 Die Mutter des jungen Mannes war in großer Sorge.[8] In ihrer Sorge lief sie zum Schloß[9] des Königs und sagte: „Mein Mann ist seit vielen Jahren tot. Ich bin alt und kann nicht mehr arbeiten. Ich habe nur einen Sohn, und diesen haben deine Soldaten gefangen.[10] Soll ich vor Hunger sterben?“

15 „Meine Söhne, die Prinzen“, antwortete der König, „sind auch Soldaten und dienen auch ihrem Vaterland.“

„Das ist gut so“, antwortete die alte Mutter in ihrer großen Sorge. „Was kann ein Prinz? Ein Prinz spielt Soldat, oder er sitzt in einem schönen Schloß und hat nichts zu tun. Mein Sohn aber 20 kann Schuhe machen; mein Sohn ist Schuhmacher und arbeitet jeden Tag von früh[11] bis spät. Sollen deine Soldaten ohne Schuhe gehen?“

Die Worte der alten Frau gefielen dem König so gut, daß er den jungen Schuhmacher nach Hause schickte. Das war für diesen 25 jungen Schuhmacher sehr gut, aber den anderen jungen Menschen hat es nicht viel geholfen.[12] Sie mußten in der Armee bleiben.

---

[5]**das Unglück** misfortune, accident. [6]**der Solda't** soldier. [7]**schicken** = **senden** send; **ausschicken** send out. [8]**die Sorge** worry, care, anxiety. [9]**das Schloß** palace. [10]**gefangen** captured, caught. [11]**früh** early. [12]**geholfen** helped.

EXERCISES 9–10

A. Sind diese Sätze richtig oder falsch? Wenn sie falsch sind, korrigieren Sie sie!

1. Eis verkaufte man vor mehr als hundert Jahren in den großen Städten.
2. Man schnitt das Eis im Sommer von den Teichen.
3. Der Eishändler konnte besonders im Winter Eis verkaufen.
4. Die neuen Maschinen konnten Eis elektrisch machen.
5. Der Eishändler gab dem Pferd nichts zu fressen, weil er ein böser Mensch war.
6. Es war ein großes Unglück für den Eishändler, daß das Pferd starb.

7. Die alten Soldaten fingen junge Leute für die Armee des Königs.
8. Die Soldaten fingen den Sohn einer reichen Frau.
9. Der Sohn lief zum Schloß des Königs.
10. Die Söhne des Königs waren auch in der Armee.
11. Prinzen haben nichts zu tun, wenn sie nicht in der Armee sind.
12. Der junge Schuhmacher mußte in der Armee bleiben.

B. There are several unstressed prefixes that can be added to German infinitives to make new verbs. Since these prefixes are always written together with the rest of the verb, they are often called inseparable prefixes. They include: **be–, emp–, ent–, er–, ge–, ver–,** and **zer–** . The meanings of these new verbs are often difficult to deduce from the meanings of the original verbs. Here are the ones you have had so far:

be– bedeuten, beginnen, behalten, bekommen, besuchen, bewachen, bezahlen

ent– entdecken, entkommen

er– erklären, erzählen

ge– gefallen, gehören, geschehen

ver– vergehen, vergessen, verkaufen, verlieren, verstehen, versuchen

zer– zerbrechen

For which of these verbs have you learned the unprefixed forms? In some cases the verbs exist only with prefixes. Try using both the prefixed and the unprefixed forms in sentences.

11. FRIEDRICH DER GROSSE UND DER MÜLLER[1]

In der Nähe von Berlin liegt in einem großen, schönen Garten ein Schloß, das Schloß „Sans souci", auf deutsch: Schloß „ohne Sorge". Viele Menschen, Deutsche und auch Leute aus fremden Ländern, besuchen dieses Schloß, denn Friedrich der Große wohnte dort. In der Nähe des Schlosses steht eine Windmühle,[2] und von dieser Windmühle erzählt man eine interessante Anekdote.

Der König war alt und wollte von nun an in seinem Schloß still und ohne Sorge leben. Aber in der Nähe seines Schlosses stand eine Windmühle. Tag und Nacht hörte der König den lauten Lärm[3] der Mühle. Der Lärm war so laut, daß Friedrich nicht schlafen konnte. Er schrieb dem Müller einen Brief und bat ihn, in sein Schloß zu kommen.

Der Müller kam vor den König.

„Tag und Nacht höre ich den Lärm deiner Mühle", sprach Friedrich. „Du mußt die Mühle aufgeben.[4] Ich will sie kaufen.[5] Was kostet sie?"

Der Müller antwortete: „Niemand wird meine Mühle kaufen, denn ich will sie behalten. Mein Vater und mein Großvater haben in dieser Mühle gewohnt. Mein Sohn soll auch dort wohnen, und auch er soll sie behalten. Meine Mühle kauft niemand."

Der König war nicht zufrieden mit dieser Antwort und sagte: „Du mußt die Mühle aufgeben, ich kaufe sie. Vergiß nicht, ich bin dein König."

„Ich fürchte mich nicht vor dir", sagte der Müller, „in Berlin gibt es Richter! Nicht einmal[6] der König kann alles machen, was er will." Er sagte es, stand auf und ging aus dem Schloß.

Der König war erstaunt über diese Antwort, aber er erlaubte[7] dem Müller, seine Mühle zu behalten. Noch heute steht sie in der Nähe von „Sans souci".

[1]**der Müller** miller. [2]**die Mühle** mill. [3]**der Lärm** noise. [4]**aufgeben** give up; abandon. [5]**kaufen** buy. [6]**nicht einmal** not even. [7]**erlauben** allow, permit.

12. MOZART UND DAS KOMPONIEREN[8]

Der berühmte Komponist Mozart kam auf einer Reise durch Deutschland in das Haus eines Freundes. Der kleine Sohn dieses Freundes war noch sehr jung, aber er war schon ein berühmter Klavierspieler.[9] Oft reiste er durch das ganze Land und gab Konzerte. 5

Der Vater des kleinen Klavierspielers ging mit Mozart in das Musikzimmer. Der Junge setzte sich ans Klavier und spielte. Mozart hörte den Jungen spielen und sagte: „Nicht schlecht!"

„Oh", sagte der Junge zu Mozart, „ich weiß, daß ich spielen kann, aber ich will viel mehr als spielen. Ich will selbst komponieren. Ich will ein Konzert für Klavier schreiben. Sagen Sie mir, was ich tun muß." 10

„Nichts", sagte Mozart. „Du mußt arbeiten, fleißig sein—und warten."

„Warum warten?" fragte der kleine Klavierspieler. „Sie waren viel früher Komponist." 15

[8]**komponie'ren** compose; **das Komponie'ren** composing (writing) of music.
[9]**das Klavie'r** (piano) + **der Spieler** (player) = **der Klavie'rspieler** pianist.

„Mit dem Komponieren ist es so", sagte Mozart. „Wenn man viel zu sagen hat und es sagen kann, dann schreibt man und fragt niemand."

Der Junge verstand Mozart nicht und fragte: „Gibt es denn
5 keine Bücher über das Komponieren von Konzerten für Klavier?"

„Natürlich gibt es solche Bücher", antwortete Mozart, „aber das Komponieren lernst du nicht durch Bücher." Dann zeigte er auf Ohr, Kopf und Herz und sagte:

„Hier muß es sein, hier muß es sein und da muß es sein; und
10 wenn es hier und da nicht ist, helfen dir alle Bücher der Welt gar nicht."

EXERCISES 11–12

A. The following sentences are all false. Correct them, then ask questions for which the corrected sentences would be answers.

1. „Sans souci" bedeutet auf deutsch „Schloß Sorge".
2. Viele Leute aus fremden Ländern wohnten in dem Schloß.
3. Dem König gefiel die Windmühle.
4. Der Müller wollte die Windmühle verkaufen.
5. Der Müller fürchtete sich vor dem König.
6. Der König bekam die Windmühle.

7. Ein Freund aus Deutschland besuchte Mozart.
8. Der Freund war ein berühmter Klavierspieler.
9. Der Sohn des Freundes konnte gut komponieren.
10. Mozart sagte, daß man viele Bücher braucht, um das Komponieren zu lernen.

B. Prepositions typically indicate time or place, but there are also many constructions that have to be learned as idioms. Answer the following questions using the verbs with idiomatic prepositions that have been introduced so far.

1. An welcher Universität studiert deine Schwester? (studieren an + *dative*)
2. Sterben manche Menschen an ihrem guten Appetit? (sterben an + *dative*)
3. Warten Sie auf den Eishändler? (warten auf + *accusative*)

4. Soll ich ihm für den guten Rat danken? (danken für + *accusative*)
5. Fahren Sie lieber mit dem Zug oder mit dem Bus? (fahren mit + *dative*)
6. Liegt Ihr Zimmer nach der Straße? (liegen nach + *dative*)
7. Freuen Sie sich über Briefe? (sich freuen über + *accusative*)
8. Worüber lachen Sie gern? (lachen über + *accusative*)
9. Bitten Sie Ihre Eltern oft um Geld? (bitten um + *accusative*)
10. Fürchten Sie sich vor dem großen, bösen Wolf? (sich fürchten vor + *dative*)

13. DIE FRAU MACHT ALLES

Johann Sebastian Bach war ein guter Komponist, aber er ließ seine Frau alle Arbeit im Haus allein machen. Das war auch schwer genug, denn sie hatten viele Kinder. Die arme Frau mußte nicht nur das Essen machen und alles andere, was Frauen seit Tausenden von Jahren für ihre Männer tun müssen, sondern sie mußte (5) auch jede Woche in die Stadt gehen, um alles zu bezahlen, was ihr Mann kaufte. Und er kaufte oft etwas, ohne zu wissen, ob sie genug Geld hatten oder nicht.

Als die Frau starb, wußte der arme Bach nicht, was er tun sollte. Er blieb still und allein in seinem Haus und versuchte, an (10) seine Musik zu denken. Er wollte für seine Frau etwas ganz Schönes komponieren. Er setzte sich hin, und begann zu schreiben. Bald dachte er nur noch an seine Musik. In diesem Augenblick kam ein Diener ins Zimmer. Frau Bach sollte man am nächsten Tag zur letzten Ruhe[1] tragen und der Diener wollte (15) wissen, was für Blumen sie kaufen sollten. Er ging zu dem Komponisten und fragte: „Bitte, Herr Bach, soll ich Rosen kaufen, oder gefällt Ihnen etwas anderes besser?"

Bach schrieb weiter und antwortete: „Ich weiß nicht, frag meine Frau." (20)

---

[1]**die Ruhe** rest, quiet; *verb*: **ruhen; zur letzten Ruhe tragen** carry to (her) last resting place.

14. DIE KLUGE FRAU

Eine Tochter wollte ihrer alten, kranken Mutter helfen und schickte ihr 1000 Mark. Als ein Diener das Geld brachte, kam der Nachbar der alten Frau gerade[2] zu Besuch.[3] Er war ein fauler Mensch und dachte, als er das viele Geld sah: „Die Nachbarin ist eine alte und schwache Frau. Sie kann auch nicht gut sehen und geht sehr langsam, es wird leicht sein, ihr das Geld wegzunehmen."

Zu der Frau aber sagte er sehr freundlich: „Sie müssen sehr glücklich sein, denn Sie haben eine gute Tochter. In dieser Stadt gibt es wenige gute Menschen, aber viele böse Diebe.[4] Gestern war ein Dieb in meinem Haus, aber ich hatte mein Geld gut im Garten versteckt,[5] und er konnte es nicht finden."

Als der Nachbar nach Hause ging, dachte die alte Frau, daß sie ihre 1000 Mark auch verstecken sollte. Sie ließ 500 Mark unter dem Bett und versteckte die anderen 500 Mark im Garten neben dem großen Apfelbaum. Der Nachbar sah das, denn vom Küchenfenster konnte er in den Garten der alten Frau sehen. Als es dunkel war, ging er leise in den Garten und kam mit den 500 Mark zurück in sein Haus. Am nächsten Tag sah die alte Frau, daß jemand an ihrem Apfelbaum gewesen war.[6] Als sie sah, daß ihr Geld weg war, wurde sie böse und dachte: „Nur mein Nachbar wußte, daß ich viel Geld hatte. Er muß der Dieb sein. Aber er wird es nicht behalten. Ich habe eine gute Idee." Am Abend ging sie zu ihrem Nachbarn und sagte sehr freundlich: „Können Sie mir sagen, was ich tun soll? Ich habe 500 Mark gut im Garten versteckt, die anderen 500 Mark sind noch in meinem Haus. Glauben Sie, daß es besser ist, sie zu den 500 Mark im Garten zu legen?"

Der Nachbar freute sich, daß die Frau nicht wußte, daß ihr Geld nicht mehr im Garten war und sagte: „Ja, liebe Nachbarin, ich glaube, daß das eine gute Idee ist. Tun Sie das morgen früh,[7] wenn es hell ist." Spät am Abend ging der Nachbar wieder in den Garten und legte die 500 Mark zurück, denn er wollte nicht nur die 500 Mark, sondern die ganzen 1000 Mark haben.

---

[2]**gerade** just, just then. [3]**zu Besuch** for a visit. [4]**der Dieb** thief. [5]**verstecken** hide. [6]**gewesen war** had been. [7]**morgen früh** tomorrow morning.

Als die Frau am nächsten Morgen wieder zum Apfelbaum ging und dort die 500 Mark fand, steckte sie das Geld schnell in ihre Tasche, sah zum Haus ihres Nachbarn und lachte laut. „Ich bin alt und schwach, Nachbar“, rief sie, „aber dumm bin ich nicht!“ 5

EXERCISES 13–14

Antworten Sie auf deutsch!

1. Warum hatte Frau Bach so viel zu tun?
2. Warum mußte Frau Bach jede Woche in die Stadt gehen?
3. Was tat Bach, als seine Frau starb?
4. Was fragte der Diener Herrn Bach?
5. Was hatte Herr Bach vergessen, als er dem Diener antwortete?

6. Was machte die Tochter, um ihrer Mutter zu helfen?
7. Was dachte der Nachbar, als er von dem Geld hörte?
8. Wo versteckte die alte Frau ihr Geld?
9. Warum konnte die Frau am nächsten Tag einen Teil ihres Geldes nicht finden?
10. Welchen Rat gab der Nachbar der alten Frau?
11. Folgte die Frau dem Rat des Nachbarn?
12. Glauben Sie, daß die Frau klug war?

15. DAS SCHLARAFFENLAND

Das Wort „Schlaraffe“ kommt vielleicht von „schlaff“. „Schlaff“ heißt so viel wie „nicht fleißig“, oder besser „faul“. Schlaraffenland bedeutet also „das Land der schlaffen oder faulen Menschen“. Von diesem wunderbaren Land wollen wir jetzt erzählen.

Nichts in diesem Land kostet sehr viel. Alles kostet sehr wenig. 10 Was in Deutschland 100 Mark kostet, das bekommt man dort für eine Mark.

Um jedes Haus steht eine Mauer, und diese Mauer ist aus Kuchen. Jeder kann an die Mauer gehen und so viel Kuchen essen, wie er will. 15

In den Bächen[1] und Flüssen fließt[2] guter Wein. Wer durstig ist, geht an einen Bach oder Fluß und trinkt den besten, ältesten Wein.

An hohen, schönen Bäumen hängen im Frühling, Sommer, Herbst und Winter jeden Tag frische Brote. Unter den Bäumen fließen Bäche. In einigen dieser Bäche fließt das ganze Jahr lang frische Milch. Viele von den Broten fallen von den Bäumen in die Milchbäche, so daß man harte und weiche Brote essen kann, ganz wie man will.

Die Fische schwimmen oben auf dem Wasser,[3] ganz nahe am Land. Die Fische sind fertig zum Essen, sie sind gebacken und gebraten.[4] Wer faul oder müde[5] ist oder keine Zeit hat, ruft die Fische, und diese kommen aus dem Wasser an das Land und springen dem müden Menschen in die Hand oder in den Mund.

Die Vögel sitzen auf den Bäumen und sind fertig zum Essen. Sie sind alle gebacken und gebraten, Hühner und viele andere Vögel. Wenn man zu müde oder zu faul ist, oder wenn man keine Zeit hat, einen gebackenen oder gebratenen Vogel zu nehmen, dann öffnet man den Mund, und das gebackene Hühnchen fliegt ganz langsam hinein.

Im Wald sind viele kleine Schweinchen. Auch diese Schweinchen sind fertig gebacken und gebraten und ganz fertig zum Essen. Jedes Schweinchen hat im Rücken ein Messer[6] und eine Gabel.[7] Man nimmt Messer und Gabel und beginnt sofort zu essen.

Der Käse hängt im Schlaraffenland an den Bäumen. So viel Käse gibt es im Schlaraffenland, daß die Menschen der ganzen Welt ihn nicht essen können.

Alle Steine sind aus Zucker. Auch der Schnee ist aus Zucker. Wenn es regnet, regnet es Honig.

Geld oder Gold braucht man nicht im Land der Schlaraffen. Wer Geld oder Gold wünscht, geht an einen Baum und ruft. Dann fallen Silbertaler und Goldstücke herab, so viel wie man wünscht. Aber nicht nur Silbertaler und Goldstücke läßt der Baum fallen, sondern auch die schönsten Kleider[8] und Schuhe. Schönere Klei-

---

[1]**der Bach** brook, creek. [2]**fließen** flow. [3]**oben auf dem Wasser schwimmen** float on (the surface of) the water. [4]**backen** bake; **braten** fry; **gebacken und gebraten** baked and fried. [5]**müde** tired. [6]**das Messer** knife. [7]**die Gabel** fork. [8]**das Kleid** dress, garment; **die Kleider** clothes.

der und Schuhe, als auf diesen Bäumen hängen, gibt es nicht in dieser Welt.

Wunderbar ist auch das Wasser im Schlaraffenland. Wer müde, schwach oder krank ist, springt in einen Teich, Bach oder Fluß, badet ein wenig und ist auf einmal wieder gesund und stark. 5 Wenn man so alt ist wie ein Großvater oder eine Großmutter, steigt man ins Wasser und kommt jung wieder heraus.

Wer in dieser Welt kein Glück im Spiel[9] hat und immer verliert, gewinnt[10] im Schlaraffenland immer. Er kann nicht verlieren. Er gewinnt alles, was er wünscht. 10

Für Faulpelze[11] ist das Land am besten. Wer gern schläft, wird reich, sehr reich, denn für jede Stunde Schlaf bekommt er ein Goldstück. Wenn ein Faulpelz Karten spielt und im Kartenspiel verliert, fällt das Geld sofort wieder in die Taschen zurück.

Der Dieb und der Faulpelz werden dort schnell berühmt. Wer 15 aber am dümmsten ist, und wer am besten schlafen und essen kann, der[12] wird sehr bald der König des schönen Schlaraffenlandes.

EXERCISES 15

A. Sind diese Sätze richtig oder falsch? Wenn sie falsch sind, korrigieren Sie sie!

1. Schlaraffenland bedeutet „das Land der fleißigen Menschen".
2. Alles kostet im Schlaraffenland sehr viel.
3. Die Mauern um die Häuser sind aus Kuchen.
4. In einigen Bächen fließt Milch.
5. Es gibt im Schlaraffenland nicht genug zu essen.
6. Das Wasser im Schlaraffenland macht die Menschen wieder jung.
7. Das größte Problem im Schlaraffenland ist, daß man viel Geld im Kartenspiel verlieren kann.

B. Antworten Sie auf deutsch!

1. Was kann man im Schlaraffenland machen, wenn man hungrig oder durstig ist?

---

[9]**das Spiel** *here* game of chance; **das Glück im Spiel** luck at gambling.
[10]**gewinnen** win. [11]**der Faulpelz** sluggard, lazybones. [12]**der** he.

2. Wie bekommt man Geld und Kleider im Schlaraffenland?
3. Warum gibt es keine alten Leute im Schlaraffenland?
4. Warum ist das Land für Faulpelze am besten?
5. Ist es gut, in einem Schlaraffenland zu leben?

16. DAS GESCHENK[1]

Ein großer Herr ritt auf die Jagd. Im Wald verlor er den Weg und kam spät am Abend in das kleine Haus eines armen Bauern. Der Bauer selbst war nicht zu Hause. Die Bäuerin war sehr freundlich und sagte zu dem Herrn: „Wir sind arme Bauern, 5 Herr, wir haben nichts als ein wenig Gemüse in unserem Garten, das ist unser Essen; und wir haben nichts als einen Stall[2] mit Stroh,[3] das ist das Schlafzimmer für unsere Gäste." Der Herr antwortete: „Alles, was ihr mir geben könnt, ist gut und schön."

Die Frau brachte das Abendessen auf den Tisch. Der Herr 10 war sehr hungrig und fand das Gemüse besser als das beste Essen in der Stadt. Nach dem Abendessen ging er sofort in den Stall und legte sich aufs Stroh. Er war sehr müde und schlief auf dem Stroh im Stall besser als in seinem weichen Bett zu Hause. Als er am nächsten Morgen erwachte,[4] stand er auf und stieg sofort auf 15 sein Pferd. Dann gab er der Bäuerin ein Goldstück, dankte für das gute Essen und das gute Bett auf dem Stroh im Stall und sagte: „Auf Wiedersehen!"

Als der Bauer am nächsten Tag nach Hause kam, erzählte ihm die Frau von dem Gast, zeigte ihm das Goldstück und sagte: 20 „Ich glaube, der Gast war der König selbst." Der Bauer freute sich, daß der König zufrieden gewesen war mit dem Gemüse aus seinem Garten und dem Bett auf dem Stroh in seinem Stall. „Aber", sagte er, „ein Goldstück für ein wenig Gemüse und ein wenig Stroh ist viel zu viel. Ich bringe unserem König noch einen 25 Korb Gemüse."

Sofort machte er einen Korb mit Gemüse fertig und machte sich auf den Weg zum Schloß des Königs. Die Diener wollten ihn zuerst nicht ins Schloß lassen. Aber da sagte der Bauer: „Ich will nichts von unserem König. Ich will ihm nur etwas schenken."[5]

---

[1]**das Geschenk** gift. [2]**der Stall** stable, barn. [3]**das Stroh** straw. [4]**erwachen** awake. [5]**schenken** give, present, give as a present.

Der Bauer kam vor den König und sagte: „Herr, du findest das Gemüse in meinem Garten sehr gut. Du hast meiner Frau ein Goldstück geschenkt für ein wenig Gemüse und ein Bett auf dem Stroh in unserem Stall. Dein Geschenk ist zu groß. Darum bringe ich dir noch einen Korb Gemüse. Ich wünsche dir guten Appetit." 5

Diese Worte gefielen dem König sehr, und weil er gerade einen guten Tag hatte, schenkte er dem Bauern viel Land und ein schönes Haus.

Nun hatte der Bauer einen reichen Bruder. Dieser hörte von dem Geschenk des Königs und dachte: „Ein solches Geschenk 10 brauche ich auch. Ich habe ein Pferd im Stall, und gerade dieses Pferd gefällt dem König sehr gut. Er wollte es einmal kaufen, aber ich wollte zu viel Geld dafür[6] haben. Ich gehe jetzt auf sein Schloß und bringe ihm das Pferd. Er gibt viel Land und ein schönes Haus für einen Korb Gemüse; er wird viel mehr für mein 15 Pferd geben."

So nahm er sein Pferd aus dem Stall und brachte es vor das Schloß des Königs. „Ich weiß, mein König", sagte er, „daß dir dieses Pferd gefällt. Ich schenke es dir."

Der König war ein kluger Mann und wußte sofort, was für 20 ein Mensch der Bruder des armen Bauern war und was er wollte. Darum sagte er: „Das ist schön von dir. Ich nehme dein Geschenk sehr gern an.[7] Was aber soll ich dir für dein schönes Pferd geben, wenn ich es annehme? Warte! Ich weiß, was ich dir geben kann. Hier ist ein Korb Gemüse. Das Gemüse ist frisch aus dem Garten. 25 Ich finde es besser als das beste Essen in meinem Schloß. Mit

---

[6]**dafü'r** for it. [7]**annehmen** accept.

diesem Korb bezahle ich dein Pferd sehr gut, denn es kostete mich viel Land und ein schönes Haus." Dann gab er dem Mann das Gemüse und wünschte ihm guten Appetit.

EXERCISE 16

Antworten Sie auf deutsch!

1. Warum kam ein großer Herr ins Haus des Bauern?
2. Wie schmeckte dem Herrn das Abendessen?
3. Wo schlief der Herr in dieser Nacht?
4. Wie dankte der Herr der Bäuerin für das Essen und das Bett?
5. Warum wollte der Bauer dem König noch einen Korb Gemüse bringen?
6. Was tat der König, als der Bauer ihm das Gemüse gab?
7. Wie versuchte der Bruder des Bauern, ein großes Geschenk von dem König zu bekommen?
8. Was gab der König dem reichen Bruder?
9. Warum sagte der König, daß er das Pferd gut bezahlt hatte?

17. DER KLEINE VOGEL

Ein Mann und eine Frau wohnten in einem schönen kleinen Haus.
5 Sie hatten alles, was sie wünschten, und sie lebten glücklich und zufrieden miteinander. Hinter dem Haus war ein schöner Garten mit großen Bäumen und seltenen Blumen.

Eines Tages ging der Mann in den Garten und freute sich über die schönen Rosen. „Was für ein glücklicher und zufriedener
10 Mensch ich bin", dachte er, „denn ich habe die beste, schönste und klügste Frau der Welt und den schönsten Garten der Welt."

Während er dieses dachte, sah er einen kleinen Vogel zu seinen Füßen.[1] Er hatte schlechte Augen und seine Brille war im Haus. Er konnte den Vogel nicht gut sehen, aber er sah, daß der
15 Vogel noch sehr klein war und noch nicht fliegen konnte. Er nahm ihn in die Hand, sah ihn an und trug ihn zu seiner Frau.

[1]**zu seinen Füßen** at his feet.

„Liebe Frau", sagte er, „sieh, was ich hier habe. Eine schöne kleine Nachtigall lag in unserem Garten im Gras. Sie kann noch nicht fliegen."

„Eine Nachtigall", antwortete die Frau, „das kann nicht sein. Ich kenne alle Vögel in unserem Garten. Ich kenne jeden Vogel in unseren Bäumen. In unserem Garten wohnt keine Nachtigall." 5

„Natürlich ist es eine Nachtigall", antwortete der Mann. „Ich höre jeden Tag eine Nachtigall in unseren Bäumen. Wie schön wird es sein, wenn diese kleine Nachtigall auch groß wird und zu singen beginnt! Du weißt, ich höre die Nachtigallen so gern." 10

„Nein", sagte die Frau, „vielleicht hörst du die Nachtigall im Garten unseres Nachbarn. In unseren Bäumen gibt es keine Nachtigall."

„Doch, doch",[2] sagte der Mann, „nun sehe ich es!" Und er hielt den Vogel nahe an die Augen und sah ihn wieder an. 15

Da kam die Frau näher, sah den Vogel auch an und lachte: „Mein guter Mann, weißt du, was für ein Vogel das ist? Ein Sperling[3] ist es, nichts als ein junger Sperling! Du solltest nicht immer vergessen, deine Brille zu tragen."

„Liebe Frau", antwortete der Mann und wurde schon ein wenig böse; „wie kannst du denken, daß ich nicht weiß, was eine Nachtigall und was ein Sperling ist? Du weißt, daß ich meine Brille nur brauche, wenn ich lese." 20

Die Frau wußte, daß er die Brille auch brauchte, wenn er nicht las. Er dachte aber, daß er ohne Brille besser aussah,[4] und er trug sie nicht gern. Sie wollte ihn aber nicht böser machen, als er schon war. Sie sagte also: „Aber ich bitte dich,[5] hat denn eine Nachtigall solch einen breiten Schnabel und solch einen dicken Kopf?" 25

„Ja, das hat sie, und es ist eine Nachtigall!" 30

„Ich sage dir aber, daß es keine Nachtigall ist, sondern ein Sperling. Ich habe nichts gegen[6] Sperlinge, aber hörst du nicht, was er sagt? Er sagt: ‚Piep!' Eine Nachtigall sagt nicht: ‚Piep!' Eine Nachtigall singt!"

„Junge Nachtigallen sagen auch: ‚Piep!' " 35

Und so ging es weiter. Endlich ging der Mann aus dem Zimmer und holte einen kleinen Käfig.[7]

---

[2]**doch** *here* yes indeed. [3]**der Sperling** sparrow. [4]**aussehen** look, appear. [5]**ich bitte dich** I ask you. [6]**gegen** against. [7]**der Käfig** cage.

„Du willst mir einen Sperling ins Zimmer setzen?" rief die Frau. „Ich will ihn nicht im Zimmer und nicht im Haus haben. Ich will ihn nicht, hörst du?"

„Wer ist Herr im Hause, du oder ich?" sagte der Mann. „Die Nachtigall bleibt hier, das verspreche ich dir!" Dann setzte er den kleinen Vogel in den Käfig und gab ihm etwas zu fressen. Der Vogel fraß mit großem Appetit.

Während des Abendessens saßen Mann und Frau am Tisch und sprachen kein Wort miteinander. So stritten sie miteinander zwei ganze Wochen lang.[8] Der Mann sprach kein Wort mit seiner Frau, die Frau sprach kein Wort mit ihrem Mann. Beide wurden immer unglücklicher. Nur einer im Haus war glücklich, und das war der kleine Vogel. Er bekam von dem Mann viel zu fressen und wurde immer größer und immer fetter. Seine Federn wurden voller und dicker. Er saß im Käfig und war froh und zufrieden. Er sagte: „Piep" wie ein richtiger junger Sperling. Und immer wenn er „Piep" sagte, sah die Frau ihren Mann böse an.

Eines Tages war der Mann nicht zu Hause. Die Frau saß allein im Zimmer und dachte: „Wie glücklich und zufrieden waren wir doch, und nun ist alles zu Ende. Warum? Wegen[9] eines dummen Vogels, und dieser Vogel ist nichts als ein Sperling wie tausend andere auf den Straßen." Auf einmal sprang sie auf, lief an den Käfig, öffnete ihn und nahm den Vogel heraus. Dann ging sie ans Fenster und ließ ihn vom Fenster in den Garten springen.

In diesem Augenblick kam der Mann nach Hause.

„Lieber Mann", sagte die Frau. „Ein Unglück ist geschehen. Die Katze hat deinen Vogel gefressen."

„Die Katze hat die Nachtigall gefressen?"[10] schrie der Mann, „gefressen? die Katze? die Nachtigall? Das kann nicht sein. Der Vogel war im Käfig. Du hast den Käfig geöffnet. Du hast die Nachtigall aus dem Käfig fliegen lassen. Du bist eine schlechte Frau. Nun ist alles zu Ende. Nun gehe ich aus dem Haus, und nie siehst du mich wieder!"

Als die Frau dieses hörte, dachte sie: „Schön! Gut! Wenn der dumme Mensch aus dem Haus gehen will, soll er doch gehen. Aber er soll seinen dummen Sperling mitnehmen und warten, bis

---

[8]**zwei ganze Wochen lang** for two whole weeks: *time expression* + **lang** (*in German*) = for + *time expression* (*in English*). [9]**wegen** because of. [10]**gefressen** eaten.

er singt, wie eine Nachtigall." Sie lief schnell in den Garten, um zu sehen, ob sie den Vogel noch fangen konnte. Und richtig, auf dem Weg sprang das Vögelchen hin und her, denn es konnte noch nicht fliegen.

Die Frau fing es, steckte es in den Käfig und ging ins Zimmer. 5 „Mann", sagte sie, „hier ist deine Nachtigall. Behalte sie, wenn du willst, und geh, denn ich sehe, daß diese Nachtigall dir lieber ist als in diesem Haus zu bleiben."

Er nahm den kleinen Vogel in die Hand, sah ihn an, hielt ihn nahe vor die Augen, sah ihn von allen Seiten an und sagte dann: 10 „Liebe Frau, nicht ich, sondern du hattest recht. Jetzt sehe ich es auch. Es ist ein Sperling. Jetzt sehe ich, daß es ein Sperling ist. Meine Augen sind sehr schlecht, ich sehe es spät, aber besser spät als nie." Dann nahm er seine Frau in die Arme und bat: „Trag ihn wieder in den Garten und laß ihn fliegen. Er hat uns zwei 15 Wochen lang sehr unglücklich gemacht, der dumme Sperling."

„Nein", antwortete die Frau, „er kann noch nicht fliegen. Wenn wir ihn in den Garten bringen, fängt ihn die Katze. Wir wollen ihn noch einige Tage behalten, und wenn seine Federn länger und dicker werden, dann lassen wir ihn fliegen." 20

Und so geschah es.

Der Mann hatte nicht nur gelernt, daß ein Sperling keine Nachtigall ist, sondern auch, daß der „Herr im Haus" nicht immer recht hat.

EXERCISES 17

A. Antworten Sie auf deutsch!

1. Warum war der Mann ein so glücklicher und zufriedener Mensch?
2. Was tat der Mann, als er den kleinen Vogel im Garten sah?
3. Warum dachte die Frau, daß es keine Nachtigall war?
4 Warum sah der Mann nicht, daß der Vogel ein Sperling war?
5. Wie war das Leben in den nächsten zwei Wochen für den Mann und die Frau?
6. Wie war das Leben für den Vogel?
7. Was machte die Frau eines Tages, als der Mann weg war?
8. Wie endete der Streit zwischen dem Mann und seiner Frau?
9. Was hatte der Mann gelernt?

B. The German verb **lassen** causes some problems for English speakers because it can mean *leave, let,* or *cause*. Usually it is clear from the context which meaning is intended. Compare the three examples.

Sie ließ 500 Mark unter dem Bett.
Sie ließ den Vogel in den Garten springen.
Bach ließ seine Frau alle Arbeit im Haus machen.

Note that **lassen** is used with an infinitive when it means *let* (*give permission*) or cause *(have someone do something)*. Indicate whether verbs in the following sentences mean *leave, let,* or *cause*. Make up similar sentences of your own.

1. Die Nachtigall läßt das Blatt ins Wasser fallen.
2. Dein Freund läßt dich allein mit einem wilden Tier.
3. Die Diener ließen ihn zuerst nicht ins Schloß kommen.
4. Du hast die Nachtigall aus dem Käfig fliegen lassen.
5. Die Eltern haben die Kinder allein gelassen!
6. Der Vater ließ den Richter zu sich kommen.
7. Herr Bach ließ den Diener Blumen kaufen.
8. Laß mich in Ruhe!

Idioms Used in the Text

alles, was everything that. (1.2)
noch einmal again, once more. (2.8)
Humor haben be funny, have a sense of humor. (4.8)
in der Schule in (at) school. (4.11)
wir haben ihn schon lange we have had him for a long time: *present tense* + **schon** + *time expression (in German)* = *present perfect tense* + *time expression (in English).* (4.12)
die beiden Stücke the two pieces. (5.7)
vor . . . hundert Jahren . . . a hundred years ago. (9.2)
nicht einmal not even. (11.6)
zur letzten Ruhe tragen carry to (one's) last resting place. (13.1)

(Continued)

zu Besuch for a visit. (14.3)
morgen früh tomorrow morning. (14.7)
oben auf dem Wasser schwimmen float on (the surface of) the water. (15.3)
das Glück im Spiel luck at gambling. (15.9)
zu seinen Füßen at his feet. (17.1)
zwei ganze Wochen lang for two whole weeks: *time expression* + **lang** *(in German)* = for + *time expression (in English).* (17.8)

VOCABULARY

(List A)

die Anekdote
die Armee
brechen
der Dieb
das Ding
der Gast
gewinnen
der Huf
der Humor
interessant
komponieren
der Komponist
der Meister
der Müller
die Nummer
der Philosoph
der Platz
der Prinz
Sachsen
das Silber
stecken
das Stroh
vergessen
der Wagen
witzig
der Zoo

(List B)

annehmen
ansehen
aufstehen
aussehen
der Bach
behalten
berühmt
besonders
besuchen
bezahlen
braten
der Brief
dafür
dazu
der Diener
einsteigen
entdecken
erklären
erlauben
erwachen
erzählen
der Faulpelz
fließen
die Freude

(*Continued*)

früh
die Gabel
gegen
gerade
geschehen
das Geschenk
der Händler
das Hufeisen
der Hut
die Jagd
der Käfig
kaufen
das Klavier
der Klavierspieler
das Kleid
der Kuchen
der Lärm
mehrere
das Messer
müde
die Mühle
der Nachbar
die Nähe
der Rat
der Richter
die Ruhe
schenken
schicken
schlaff
das Schlaraffenland
das Schloß
der Schmied
schneiden
schweigen
der Soldat
die Sorge; sorgen
der Sperling
der Stall
der Stuhl
der Taler
die Tasche
der Tod
das Unglück
vergehen
verlieren
versprechen
verstecken
wählen
wann
wegen
weinen
werfen
der Wirt
das Wirtshaus
zerbrechen

Part Four

Eulenspiegel und Münchhausen

Eulenspiegel und Münchhausen

Two rogues from German popular literature are introduced in Part Four. One is Till Eulenspiegel, the first genuine folk hero in German literature, who represented the aspirations of the lower classes. Till's cleverness allows him to outwit not only innkeepers but also professors at the leading universities. The real Till Eulenspiegel died around 1350, but most of the stories later attached to his name derive from the fifteenth and sixteenth centuries, periods of great upheaval in Germany.

Baron von Münchhausen (1720–1797) was an eighteenth-century adventurer, and the tall tales attributed to him were first published in 1785 in English by Rudolf Erich Raspe, a librarian who fled from his native Germany to avoid prosecution for theft. Under the playfulness it is possible to recognize the mentality of imperialism—the belief that the exotic world was ready for conquest by indomitable men of action endowed with superhuman wit, courage, and luck.

1. TILL EULENSPIEGEL

Vor vielen Jahren lebte in Deutschland ein junger Bauer. Er nannte[1] sich Till Eulenspiegel und wanderte durch das ganze Land, um die Menschen zu ärgern.[2] Er ärgerte alle Leute durch seine dummen Streiche,[3] und wenn die Leute sich sehr über seine
5 Streiche ärgerten, war er zufrieden und wanderte weiter in das nächste Dorf oder in die nächste Stadt.

Den Namen Eulenspiegel erklärt man wie folgt: Eule bedeutet auf englisch *owl*, und Spiegel bedeutet *mirror*. Eulenspiegel bedeutet also *owl's mirror*. Vielleicht hatte Till sich diesen Namen
10 selbst gegeben, denn zu der Zeit[4] sagte man: Der Mensch sieht die Fehler seines Nachbarn sehr genau,[5] aber seine eigenen Fehler sieht er nicht. Wenn man ihm einen Spiegel gibt, sieht er hinein, sieht sein Bild und glaubt, daß er schön ist. Der Mensch ist nicht

---

[1]**nennen** name, call. [2]**ärgern** vex, annoy; tease; **sich ärgern über** take offense at, be angry at. [3]**der Streich** trick, prank. [4]**zu der Zeit** at that time. [5]**genau** exact(ly).

besser als eine Eule, denn auch die Eule glaubt, daß sie schön ist. Vielleicht wollte Till den Menschen durch seine Streiche ihr wahres Bild zeigen, aber kein schönes Bild, sondern das Bild einer Eule. So sagt man.

2. ALLE BAUERN UND BÄUERINNEN KLAGEN ÜBER[6] TILL

Als Till Eulenspiegel so alt war, daß er gehen und stehen konnte, 5
spielte er den ganzen Tag mit den anderen Kindern. Schon als Kind machte er witzige Streiche, so daß alle Nachbarn über ihn klagten und sprachen: „Er ist ein Schalk."[7]

Eines Tages kam der Vater zu dem Sohn und sprach zu ihm: „Warum klagen unsere Nachbarn über dich und sagen, daß du 10
ein Schalk bist?" Eulenspiegel antwortete: „Lieber Vater, ich tue doch niemand etwas;[8] ich will dir zeigen, daß ich niemand etwas tue. Geh, setz dich auf dein Pferd, und ich will mich hinter dich setzen und ganz still mit dir durch die Straßen reiten, und doch werden die dummen Bauern über mich klagen und sagen: ‚Er ist 15
ein Schalk!' "

Der Vater tat, was der Junge wünschte. Er stieg auf sein Pferd und setzte seinen Sohn hinter sich. Da saß Eulenspiegel still, aber er schnitt Gesichter[9] oder machte den Mund auf[10] oder steckte die Zunge heraus. Die Nachbarn und Nachbarinnen zeigten auf 20
ihn und sprachen: „Welch ein Schalk!" Da sprach Eulenspiegel: „Hör, Vater, du siehst wohl,[11] daß ich still sitze und niemand

---

[6]**klagen über** complain about. [7]**der Schalk** wag, rogue. [8]**ich tue doch niemand etwas** I am not harming anybody. [9]**Gesichter schneiden** make faces. [10]**aufmachen** open. [11]**wohl** probably, I suppose; well.

etwas tue, und doch sagen die Leute: ‚Welch ein Schalk.' " Da setzte der Vater seinen lieben Sohn vor sich aufs Pferd. Eulenspiegel saß still, aber wieder schnitt er Gesichter oder machte den Mund auf oder steckte die Zunge heraus. Die Leute liefen zusam-
5 men und sprachen: „Seht ihr nun, was für ein kleiner Schalk das ist?"

Da sprach der Vater zu seinem Sohn: „Du bist in einer unglücklichen Stunde geboren. Du sitzt still und schweigst und tust niemand etwas, und doch sagen die Leute, daß du ein Schalk
10 bist."

EXERCISES 1–2

Antworten Sie auf deutsch!

1. Wann lebte Till Eulenspiegel?
2. Wie ärgerte Till die Leute?
3. Was bedeutet der Name „Eulenspiegel?"
4. Was wollte Till vielleicht den Menschen durch seine Streiche zeigen?

5. Warum klagten die Nachbarn über Till?
6. Wie wollte Till seinem Vater zeigen, daß die Bauern ihm unrecht taten?

7. Was tat Till, als er mit seinem Vater auf dem Pferd saß?
8. Was machten die Nachbarn, als sie Till sahen?

3. TILL BEKOMMT BROT FÜR SEINE MUTTER

Schon als Junge lief Till von zu Hause weg. Er wanderte von einer Stadt zur anderen, und mußte oft wegen seiner vielen Streiche in der Nacht weiterziehen.[1] Er kam nach Altona, einem Dorf nicht weit von Hamburg, wo er mehrere Monate blieb. Dort hörte er, daß sein Vater gestorben war, und daß es seiner Mutter nicht gut ging.[2] Er ging nach Hause, und fand alles, wie man es ihm erzählt hatte. Seine arme Mutter hatte fast nichts zu essen.

Till ging in das nächste Dorf, um zu sehen, ob er etwas zu essen finden konnte. Er sah zuerst das Haus eines Bäckers. Er ging hinein und bat den Bäcker, Brot für zehn Taler an seinen Herrn zu schicken. Er nannte den Namen eines reichen Mannes aus einer nahen Stadt. Der Bäcker freute sich sehr und holte aus der Backstube[3] sofort Brot für 10 Taler. Eulenspiegel steckte es in einen Sack.[4] Der Sack hatte ein verstecktes Loch. Als nun der Sack voll war, nahm ihn Till auf den Rücken und ging mit dem Jungen des Bäckers weg. Der Junge sollte das Geld von dem Herrn bekommen.

Als nun beide um die Ecke gingen, öffnete Till das versteckte Loch im Sack und ließ ein Brot auf die Erde fallen. Schnell setzte er den Sack hin und sprach zu dem Jungen: „Dieses Brot kann ich meinem Herrn nicht bringen. Geh und bringe mir ein anderes dafür! Ich will hier warten.“ Der gute Junge lief und brachte ein anderes Brot. Als er mit dem neuen Brot zurückkam, war Eulenspiegel nicht mehr da. Er war mit dem Sack Brot zum Dorf seiner Mutter gelaufen. Jetzt hatte sie Brot für viele Tage. Sie wollte wissen, wo er so viel Brot bekommen hatte, aber Till sagte nur: „Iß und sei froh!“

---

[1]**weiterziehen** move on; **ziehen** *here* move, go. [2]**es ging seiner Mutter nicht gut** his mother was not doing well. [3]**die Backstube** bakehouse, bakery. [4]**der Sack** sack, bag.

EXERCISE 3

Sind diese Sätze richtig oder falsch? Korrigieren Sie die Sätze, wenn sie falsch sind!

1. Till Eulenspiegel blieb nicht immer zu Hause.
2. Tills Eltern lebten in Altona.
3. Till ging nach Hause, als sein Vater gestorben war.
4. Tills Mutter hatte nach dem Tod des Vaters wenig zu essen.
5. Ein reicher Mann gab Till Geld für Brot.
6. Der Junge des Bäckers trug den Sack mit den Broten.
7. Der Junge ließ den Sack und alle Brote auf die Erde fallen.
8. Eulenspiegel ließ den Jungen ein neues Brot holen.
9. Eulenspiegel brachte seiner Mutter viel Brot.
10. Till erzählte seiner Mutter, wo er das Brot bekommen hatte.

4. EULENSPIEGEL WILL VON DEM DACH[1] DES RATHAUSES[2] FLIEGEN

Nicht lange darauf[3] kam Eulenspiegel nach Magdeburg und machte dort viele dumme Streiche. Sein Name wurde so berühmt, daß die Bürger[4] von Magdeburg viel von ihm sprachen.

Eines Tages baten ihn die besten Bürger der Stadt, ihnen 5 etwas Interessantes zu zeigen. Da sagte er: „Ich werde auf das Dach des Rathauses steigen, und dann werde ich von dem Dach herabfliegen."

Die ganze Stadt sprach über Till, und jung und alt gingen auf den Marktplatz,[5] um Eulenspiegel zu sehen. Till stieg auf das 10 Dach des Rathauses und hob seine Arme über den Kopf, als ob[6] er fliegen wollte. Die Leute standen auf dem Platz, machten Mund und Augen auf und glaubten, daß Till fliegen wollte.

Da lachte Eulenspiegel und sprach: „Ich sehe, nicht nur ich bin ein Narr,[7] die ganze Stadt Magdeburg ist voll von Narren. Ich 15 glaube nicht, daß ihr fliegen könnt; warum glaubt ihr, daß ich es

---

[1]**das Dach** roof. [2]**der Rat** (council; advice) + **das Haus** = **das Rathaus** city hall, townhall. [3]**darau'f** thereupon, after that. [4]**der Bürger** citizen. [5]**der Markt** (market) + **der Platz** (place) = **der Marktplatz** market place. [6]**als ob** as if, as though. [7]**der Narr** fool.

kann? Und ihr nennt mich einen Narren? Bin ich ein Vogel? Habe ich Federn? Seht ihr Flügel[8] an mir? Kann jemand ohne Flügel fliegen? Nun sehe ich, daß in Magdeburg nur Narren wohnen." Und er stieg vom Dach herab auf die Straße, ließ die guten Bürger stehen und ging weiter. Einige ärgerten sich, andere aber spra- 5 chen: „Er ist ein Schalk und ein Narr, aber er hat recht."

EXERCISE 4

A. Antworten Sie auf deutsch!

1. Was wollten die Leute von Magdeburg von Till?
2. Was wollte Eulenspiegel den Bürgern von Magdeburg zeigen?
3. Wohin kamen die Bürger der Stadt, um Eulenspiegel zu sehen?
4. Warum lachte Till, als er auf dem Dach des Rathauses stand?
5. Wie zeigte er den Bürgern, daß sie Narren waren?
6. Was dachten die Bürger, als Till sie Narren nannte?

B. In German, the indefinite pronouns **etwas, nichts,** and **viel** can be followed by capitalized adjectives with neuter endings. English sometimes uses comparable expressions, and sometimes not. Compare these examples:

Die Nachbarn sagten **viel Schlechtes** über Till. (many bad things)

Till sollte ihnen **etwas Interessantes** zeigen. (something interesting)

Ich kann **nichts Gutes** über seine Vorlesungen sagen. (nothing good)

Antworten Sie auf diese Fragen!

1. Machen Sie heute abend etwas Interessantes?
2. Haben Sie nichts Besseres zu tun, als Deutsch zu lernen?
3. Sagt man viel Schlechtes oder viel Gutes über Sie?
4. Lernen Sie jeden Tag etwas Neues?
5. Kennen Sie das Buch *Im Westen nichts Neues*?

---

[8]**der Flügel** wing.

5. EULENSPIEGEL ALS ARZT

Darauf kam Eulenspiegel nach Nürnberg.[1] Er schrieb lange Briefe und schlug[2] sie an die Türen der Kirchen[3] und des Rathauses und nannte sich einen berühmten Arzt für alle Krankheiten.[4] Nun war eine große Zahl kranker Menschen im neuen Krankenhaus der Stadt Nürnberg, und der Direktor des Krankenhauses wollte gern einen Teil der Kranken als geheilt[5] nach Hause schicken. Also ging er zu dem berühmten Arzt Eulenspiegel und bat ihn, seine Kranken zu heilen. Till sprach: „Ich will alle deine Kranken heilen, wenn du mir zweihundert Taler dafür gibst." Der Direktor antwortete: „Zweihundert Taler will ich dir gern bezahlen, wenn du meine Kranken heilst und wieder auf die Beine bringst." Da sprach Till: „Wenn ich deinen Kranken nicht helfen kann und wenn ich sie nicht heile und wieder auf die Beine bringe, so sollst du mir keinen Pfennig[6] geben." Diese Worte gefielen dem Direktor des Krankenhauses so gut, daß er Eulenspiegel sofort fünfzig Taler gab.

Also ging Till ins Krankenhaus und fragte jeden Kranken nach[7] seiner Krankheit. Und wenn er von einem Kranken ging, sprach er immer: „Was ich dir jetzt sage, mußt du ganz für dich behalten, denn niemand darf es wissen. Versprich mir, daß du schweigen wirst." Die Kranken versprachen, keinem Menschen etwas zu sagen. Darauf sagte er jedem: „Ich will euch alle heilen und wieder auf die Füße bringen. Aber um dieses zu tun, muß ich einen von euch zu Pulver[8] machen. Das Pulver aber gebe ich den anderen zu trinken. Das muß ich tun. Darum, wer der Kränkste von euch allen ist und nicht gehen kann, den[9] muß ich zu Pulver machen, so daß ich den anderen helfen kann. Ich werde mich also mit dem Direktor an die Tür des Krankenhauses stellen und mit lauter Stimme rufen: ‚Wer von euch nicht krank ist, soll sofort herauskommen!' Vergiß es nicht, denn wer nicht kommt, den mache ich zu Pulver." So sprach Till zu jedem Kranken, und keiner wollte der Kränkste sein, und jeder verprach, aus dem Bett zu kommen.

---

[1]**Nürnberg** Nuremberg. [2]**schlug** *here* fastened. [3]**die Kirche** church. [4]**krank** ill, sick; **der Kranke** patient, sick person; **die Krankheit** illness, disease; **das Krankenhaus** hospital. [5]**heilen** cure. [6]**der Pfennig** penny, cent. [7]**fragen nach** ask about. [8]**das Pulver** powder. [9]**den** *here* him.

Als nun Eulenspiegel mit dem Direktor an der Tür des Krankenhauses stand und rief: „Wer von euch nicht krank ist, soll sofort herauskommen", da begannen alle zu laufen. Einige hatten zehn Jahre lang im Bett gelegen und begannen nun zu laufen. Das Krankenhaus wurde ganz leer. Nun bat Till den Direktor um sein Geld und sagte, er wollte sofort weiterreisen. Man gab ihm das Geld, dankte ihm, und Till ritt weg.

Aber nach drei Tagen kamen die Kranken alle zurück und klagten wieder über ihre Krankheiten. Da fragte der Direktor des Krankenhauses: „Habe ich euch nicht den berühmten Arzt Eulenspiegel geschickt? Hat er euch nicht alle geheilt und auf die Füße gebracht? Seid ihr nicht ganz allein aus dem Bett gekommen?" Die Kranken erklärten nun: „Der große Arzt hat uns gesagt: ‚Wer der Kränkste von euch allen ist und nicht gehen kann, den muß ich zu Pulver machen.' " Nun wußte der Direktor, daß Till ein Schalk war und er selbst ein Narr. Aber Eulenspiegel war weit weg, und niemand brachte ihn zurück. Also blieben die Kranken wieder im Krankenhaus, und der Direktor hatte sein Geld verloren.

EXERCISES 5

A. Antworten Sie auf deutsch!

1. Warum ging der Direktor des Krankenhauses zu Till Eulenspiegel?
2. Was sagte Till zu dem Direktor des Krankenhauses?
3. Was versprach Till jedem Kranken?
4. Warum wollte niemand der Kränkste sein?
5. Was taten die Kranken, als der Direktor und Till an der Tür des Krankenhauses standen?
6. Was geschah nach drei Tagen?
7. Worüber ärgerte sich der Direktor des Krankenhauses?

B. The suffix **–heit** occurs for the first time in this section. It is a common way of making abstract nouns out of adjectives. See if you can make sentences using the following nouns derived from adjectives you have already encountered. If the meaning does not seem immediately obvious, consult a dictionary. Note that the suffix takes the form **–keit** when the adjectives themselves end in certain suffixes, and occasionally the suffix **–igkeit** is used. All **–heit/–keit** nouns are feminine.

die Seltenheit	die Falschheit
die Faulheit	die Gesundheit
die Krankheit	die Dunkelheit
die Mehrheit	die Schönheit
die Schnelligkeit	die Müdigkeit
die Freiheit	die Dummheit
die Wahrheit	die Richtigkeit
die Gleichheit	die Leichtigkeit

6. EULENSPIEGEL BACKT EULEN UND AFFEN[1]

Als Eulenspiegel nun nach Hamburg kam und in ein Wirtshaus ging, traf er dort einen Bäcker. Dieser rief ihn in sein Haus und fragte ihn: „Was für ein Geselle[2] bist du?“ Till sprach: „Ich bin ein Bäckergeselle.“[3] Da sprach der Bäcker: „Ich habe gerade kei- 5 nen Gesellen. Willst du mir dienen?“ Eulenspiegel sagte: „Ja, gern.“

Als er nun zwei Tage bei ihm gewesen war, befahl[4] der Bäcker ihm, während der Nacht allein zu backen. Eulenspiegel fragte: „Was soll ich denn backen?“ Der Bäcker war selbst ein Schalk und 10 sprach: „Du bist ein Bäckergeselle und fragst, was du backen sollst? Was backt denn ein Bäcker, Eulen oder Affen?“ Nach diesen Worten ging der Bäcker zu Bett. Eulenspiegel aber ging in die Backstube und machte die ganze Nacht Eulen und Affen, die ganze Backstube voll, und backte sie.

15 Der Bäcker stand am nächsten Morgen früh auf und wollte seinem Gesellen helfen. Als er in die Backstube kam, fand er kein Brot und keinen Kuchen, sondern nur Eulen und Affen. Da wurde der Bäcker böse und sprach: „Was hast du da gebacken?“ Eulenspiegel antwortete: „Was du mir befohlen hast, Eulen und 20 Affen.“—„Was soll ich mit solchem Brot tun?“ sprach der Bäcker. „Ich kann keinen Pfennig dafür bekommen!“ Und er faßte[5] ihn beim Hals und rief: „Bezahle mir mein Brot!“ Till fragte: „Gehört

[1]**der Affe** ape, monkey. [2]**der Geselle** journeyman; helper; companion. [3]**der Bäckergeselle** journeyman baker. [4]**befehlen** order, bid, command. [5]**fassen** seize, take hold of.

das Brot mir, wenn ich dir die Milch und die Eier im Brot bezahle?"—„Natürlich, du Narr", antwortete der Bäcker, und Eulenspiegel bezahlte ihm die Milch und die Eier im Brot. Darauf legte er die gebackenen Eulen und Affen in einen Korb und trug sie aus der Backstube ins Wirtshaus. Er dachte: „Morgen ist Jahrmarkt.[6] Auf einem Jahrmarkt kaufen die Leute alles." Am nächsten Morgen nahm er seinen Korb, stellte sich vor die Kirche, und die Leute kauften die Eulen und Affen und gaben ihm viel mehr Geld dafür, als er dem Bäcker gegeben hatte.

Als der Bäcker das hörte, lief er vor die Kirche, denn er wollte, daß Eulenspiegel ihm auch das Holz[7] bezahlen sollte. Aber Eulenspiegel war schon weit weg und kam nie wieder zurück.

EXERCISE 6

Diese Sätze sind alle falsch. Korrigieren Sie sie!

1. Eulenspiegel arbeitete im Wirtshaus.
2. Der Bäcker hatte viele Gesellen.
3. In der dritten Nacht sollte Eulenspiegel dem Bäcker helfen.
4. Eulenspiegel sagte, daß ein Bäcker Affen und Eulen backt.

---

[6]**der Jahrmarkt** fair. [7]**das Holz** wood.

5. Der Bäcker backte viele Brote.
6. Der Bäcker gab Eulenspiegel die Affen und Eulen als Geschenk.
7. Eulenspiegel verkaufte die Affen und Eulen im Wirtshaus.
8. Eulenspiegel bezahlte dem Bäcker das Holz.

7. EULENSPIEGEL ANTWORTET AUF VIELE FRAGEN AN DER UNIVERSITÄT WITTENBERG

Darauf zog Eulenspiegel nach Wittenberg. Dort nannte er sich einen großen Meister und einen weltberühmten, klugen Mann. Er schrieb wieder lange Briefe und ließ diese Briefe an die Türen der Kirchen, des Rathauses und der Universität schlagen.[1] In 5 seinen Briefen sagte er: „Ich kann auf alle Fragen Antwort geben, auch auf die schwersten." Den Professoren der Universität gefiel das nicht. Sie kamen zusammen und hielten Rat und suchten viele schwere Fragen für den berühmten Meister Till. Sie wollten Eulenspiegel bitten, auf die Universität zu kommen und auf die 10 schwersten Fragen gute Antworten zu geben. Sie schickten einen Diener zu ihm und ließen ihm sagen,[2] was geschehen sollte. Der Diener sprach zu Till: „Wenn du auf die Fragen gut und richtig antwortest, bist du ein kluger Mann; wenn deine Antworten aber schlecht oder falsch sind, darfst du in Wittenberg nicht lehren, 15 sondern du mußt weiterziehen." Eulenspiegel antwortete dem Diener: „Sag deinen Herren, daß ich auf alle Fragen schnell und richtig antworten werde."

Am nächsten Tag kamen alle Professoren der Universität zusammen. Als Eulenspiegel kam, waren viele Leute aus der Stadt 20 und alle Studenten der Universität schon da. Sie wollten sehen, wer klüger war, der berühmte Meister Till oder die Professoren.

Als er nun in das Zimmer kam, wo die Professoren saßen, befahlen sie ihm, Platz zu nehmen[3] und auf alle Fragen richtig zu antworten. Die erste Frage war: „Wie viele Flaschen Wasser 25 sind im Meer?"[4] Eulenspiegel antwortete schnell: „Viele Bäche fließen in Flüsse, viele Flüsse fließen ins Meer. Laßt[5] alle Bäche und Flüsse stillstehen, und dann werde ich euch genau sagen, wie viele Flaschen Wasser im Meer sind." Die Herren Professoren

[1]**ließ sie schlagen** had them posted. [2]**ließen ihm sagen** notified him. [3]**Platz nehmen** take a seat. [4]**das Meer** ocean, sea. [5]**lassen** *here* make.

aber konnten die Bäche und Flüsse nicht stillstehen lassen, und so waren sie zufrieden.

Die zweite Frage war: „Wie viele Tage sind vergangen von Adams Zeiten bis auf[6] diesen Tag?" Till antwortete kurz: „Nur sieben Tage sind vergangen, denn wenn die sieben Tage zu Ende sind, fangen andere sieben Tage an; und so geht es bis ans Ende der Welt." 5

Da sagte einer der Herren: „Die dritte Frage ist: Wo ist die Mitte der Welt?" Eulenspiegel antwortete: „Die Mitte der Welt ist hier, wo ich stehe. Und wenn ihr es nicht glauben wollt, so müßt ihr mir zeigen, daß ich unrecht habe." Die Professoren sagten nichts, denn sie konnten Till nicht zeigen, daß er unrecht hatte. 10

Was sollten sie tun? Sie wußten keine schwereren Fragen. Eulenspiegel war ihnen zu klug. Die Studenten freuten sich und lachten sehr laut. Aber Till wollte nicht in Wittenberg bleiben, sondern zog bald darauf weiter nach Erfurt. 15

EXERCISE 7

Antworten Sie auf deutsch!

1. Was sagte Eulenspiegel in seinen Briefen?
2. Was taten die Professoren, als sie die Briefe gelesen hatten?
3. Was für Fragen hatten die Professoren für Till?
4. Wer kam, um Tills Antworten zu hören?
5. Wie antwortete Till auf die Fragen?
6. Warum lachten die Studenten?

8. EULENSPIEGEL LEHRT EINEN ESEL

Als Eulenspiegel nun nach Erfurt kam, fand er auch dort eine große, berühmte Universität. Auch in Erfurt schlug er einen langen Brief an die Türen der Kirchen, des Rathauses und der Universität. Die Professoren hatten schon viel von Tills Streichen 20

---

[6]**bis an, bis auf, bis zu** until, up to, to, as far as.

gehört und kamen zusammen und hielten Rat, um sehr schwere Fragen für Eulenspiegel zu suchen. Sie wollten es viel besser machen als die klugen Männer von Wittenberg. Da sagte der klügste von ihnen: „Wir geben dem Schalk einen Esel in die Lehre,[1] denn in Erfurt gibt es viele Esel, alte und auch junge." Sie ließen Eulenspiegel kommen[2] und sprachen zu ihm: „Meister, in deinem Brief sagst du, daß du jeden in kurzer Zeit lesen und schreiben lehrst. Die Herren der Universität wollen dir einen jungen Esel in die Lehre geben. Kannst du auch ihn lehren?"—„Ja", sprach Till, „aber dazu muß ich viel Zeit haben, denn nichts ist schwerer, als einen Esel zu lehren." Und so gaben sie ihm viel Zeit. Also nahm Eulenspiegel den neuen Studenten an.

Till zog mit seinem Esel in ein Wirtshaus und stellte seinen jungen Studenten in einen Stall. Dann nahm er ein altes Buch, legte Korn[3] zwischen die Seiten[4] und legte dem Esel das Buch vor die Nase. Der Esel roch das Korn und warf eine Seite nach der anderen hin und her. Wenn er aber kein Korn mehr zwischen

[1]**die Lehre** apprenticeship; **jemand in die Lehre geben** apprentice someone (to somebody). [2]**kommen lassen** send for. [3]**das Korn** grain. [4]**die Seite** *here* page.

den Seiten des Buches fand, so war er nicht zufrieden und schrie „I—a, i—a!"

Nun ging Eulenspiegel zu den Herren der Universität und sprach: „Wann wollen die Herren Professoren einmal sehen, was mein Student macht?" Einer der Herren fragte: „Lieber Meister, ist er fleißig? Lernt er etwas?" Eulenspiegel antwortete: „Er ist natürlich ein Esel, und natürlich ist es schwer, ihn zu lehren. Aber mit viel schwerer Arbeit habe ich ihn mehrere Buchstaben[5] gelehrt. Wenn ihr mit mir geht, so werdet ihr es sehen und hören."

Der gute Student aber hatte seit langer Zeit nichts gefressen. Als der große Lehrer nun mit den Professoren in den Stall kam, legte er seinem Studenten ein neues Buch vor die Nase. Der Esel warf die Seiten des Buches hin und her, um das Korn zu suchen, und als er nichts fand, begann er mit lauter Stimme ze schreien: „I—a, i—a!" Da sprach Eulenspiegel: „Wie ihr seht, liebe Herren, kennt und liest mein Student schon zwei Buchstaben, die Buchstaben i und a, und natürlich wird er von nun an noch viel mehr lernen."

Bald darauf ließ Till seinen Studenten laufen, wohin er wollte. Er selbst wanderte weiter, denn er dachte: „Wenn ich alle Esel in Erfurt klug machen soll, so muß ich lehren bis an das Ende aller Zeiten."

EXERCISES 8

A. Antworten Sie auf deutsch!

1. Was gab es in Erfurt?
2. Warum kamen die Professoren zusammen?
3. Wen gaben die Professoren Eulenspiegel in die Lehre?
4. Wie versuchte Eulenspiegel, seinen Studenten zu lehren?
5. Welche Buchstaben konnte der Esel lesen?
6. Warum ließ Till seinen Studenten laufen?

---

[5]**der Buchstabe** letter.

B. Locate the following places on the map: **Altona, Berlin, Bonn, Erfurt, Frankfurt, Hamburg, Magdeburg, München, Nürnberg, Stuttgart, Wittenberg.** Circle those in which Eulenspiegel stories are located and tell briefly in German what occurs in each one.

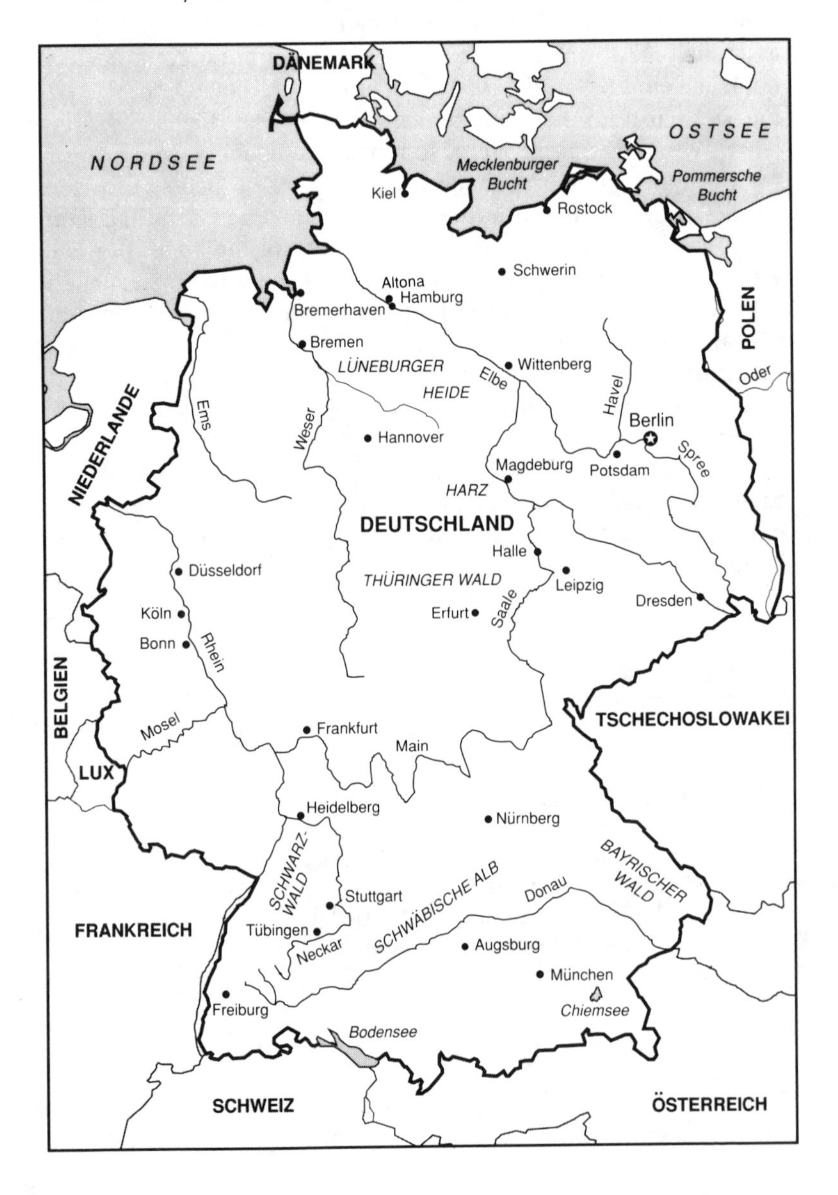

C. Altona was an independent village at the time that Eulenspiegel is assumed to have lived, but it has long since been incorporated into Hamburg, Germany's second-largest city. What point does the humorist Joachim Ringelnatz (1883–1934) make using Altona's location in the following verses about "The Ants"?

Die Ameisen
In Hamburg lebten zwei Ameisen,
Die wollten nach Australien reisen.
Bei Altona auf der Chaussee
Da taten ihnen die Beine weh,
Und da verzichteten sie weise
Dann auf den letzten Teil der Reise.

[**Chaussee** = **Straße. weh tun** hurt. **verzichten auf** give up on. **weise** = **klug.**]

9. MÜNCHHAUSEN

In Bodenwerder, einer kleinen Stadt an der Weser,[1] steht ein altes Schloß. Dort wohnte vor etwa[2] 200 (zweihundert) Jahren der gute Baron[3] von Münchhausen. Dieser war ein mutiger[4] Soldat, ein großer Wanderer und ein guter Erzähler seiner Abenteuer.[5] Er war weit gereist und hatte viel gesehen. Am Abend, wenn seine 5 Freunde ihn im Schloß besuchten, erzählte er oft bis spät in die Nacht hinein[6] von seinen interessanten Abenteuern. Einer seiner Freunde—Raspe hieß er—ging später nach England und schrieb dort vieles auf,[7] was Baron von Münchhausen ihm erzählt hatte. Im Jahre 1785 (siebzehnhundertfünfundachtzig) ließ er Münch- 10 hausens Abenteuer in englischer Sprache als Buch erscheinen.[8] Ein Jahr später erschienen *Münchhausens wunderbare Reisen und Abenteuer zu Wasser und zu Lande* auch in deutscher Sprache. Bald darauf gingen sie in vielen fremden Sprachen durch die ganze Welt. 15

---

[1]**die Weser** the Weser River. [2]**etwa** approximately, about. [3]*pronounce* **Baro'n.** [4]**mutig** brave. [5]**das Abenteuer** adventure. [6]**bis spät in die Nacht hinei'n** until late at night. [7]**aufschreiben** write down. [8]**erscheinen** appear; **erscheinen lassen** publish.

EXERCISE 9

Antworten Sie auf deutsch!

1. Wann und wo lebte der Baron von Münchhausen?
2. Was tat der Baron, wenn seine Freunde ihn besuchten?
3. Wie wurden Münchhausens Abenteuer so berühmt?
4. In welcher Sprache konnte man die Abenteuer zuerst lesen?

10. DIE REISE NACH RUẞLAND[1]

Meine Reise nach Rußland begann ich im Winter, denn ich sagte mir: „Schnee und Eis machen die Wege besser." Ich ritt auf meinem Pferd, weil ich ein wunderbarer Reiter bin und weil jeder wunderbare Reiter gern reitet.

Ich trug nur leichte Kleider und fühlte, daß es sehr kalt wurde, als ich immer weiter nach Nordosten ritt. Eines Abends war ich so müde, daß ich fast einschlief[2] und vom Pferd fiel, denn ich war den ganzen Tag geritten. Das ganze Land lag unter Schnee, und ich wußte fast nicht mehr, was ich tun sollte.

Endlich stieg ich vom Pferd und band mein gutes Tier an einen Baumstumpf.[3] Der Baumstumpf war sehr dick und steckte fest im Schnee. Ich nahm meine beiden Pistolen[4] unter den Arm und legte mich in der Nähe meines Pferdes in den Schnee. Ich schlief ein und schlief lange und fest. Als ich erwachte, war es heller Tag. Die warme Mittagssonne stand hoch am Himmel. Wie sehr war ich erstaunt, als ich sah, daß ich in der Mitte eines Marktplatzes vor einer Kirche lag! Ich suchte mein Pferd, konnte es aber nicht finden. Endlich hörte ich die Stimme meines Pferdes hoch über mir. Ich hob den Kopf, und was sah ich? Mein Pferd hing hoch oben am Turm[5] der Kirche, an der höchsten Spitze[6] des Turmes!

Natürlich wußte ich sofort, wie mein gutes Pferd an die Spitze des Kirchturmes gekommen war. Das Dorf hatte während der ganzen Nacht unter hohem Schnee gelegen. Das Wetter aber war auf einmal warm geworden, der Schnee war zu Wasser geworden,

[1]**Rußland** Russia. [2]**einschlafen** fall asleep. [3]**der Baumstumpf** stump of a tree. [4]**die Pisto'le** pistol. [5]**der Turm** tower, steeple. [6]**die Spitze** point, tip.

ich war immer tiefer[7] gesunken[8] und lag nun in der Mitte des Marktplatzes vor der Kirche. Der Baumstumpf im Schnee war kein Baumstumpf gewesen, sondern die höchste Spitze des Kirchturmes.

Was tat ich? Ich nahm meine Pistolen und schoß[9] nach dem Seil[10] am Hals meines Pferdes. Ich traf[11] das Seil, das Seil zerriß,[12] und mein Pferd fiel von der Spitze des Turmes herab, genau vor meine Füße. Dann ritt ich weiter. 5

EXERCISE 10

Retell the story in German, using the following headings to guide you in reconstructing the sequence of events.

1. Der Anfang der Reise
2. Am Ende eines langen Tages
3. Am nächsten Morgen
4. Wie der Baron sein Pferd wieder bekam

---

[7]**tief** deep. [8]**sinken** sink. [9]**schießen** shoot. [10]**das Seil** rope. [11]**traf** *here* hit (*from* **treffen**). [12]**zerreißen** tear, rip.

11. DIE REISE NACH CEYLON

Ich war noch ein kleiner Junge, als ich nichts mehr wünschte, als zu reisen und die ganze Welt zu sehen. Vielleicht war ich mit diesem Wunsch[1] zur Welt gekommen, denn mein Vater war viel gewandert und gereist. Ich weiβ noch, wie er uns an langen Winterabenden stundenlang[2] von seinen interessanten Abenteuern erzählte.

Eines Tages geschah es, daβ mein Onkel uns besuchte. Mein Onkel und ich wurden bald gute Freunde. Er sagte oft zu mir: „Du bist ein guter Junge; ich will alles tun, was ich kann, um dir zu helfen." Eines Abends sprach mein Onkel sehr lange zu meinen lieben Eltern, und endlich erlaubten sie mir, mit meinem Onkel nach Ceylon zu reisen.

Bald darauf waren wir fertig und segelten[3] mit einem schönen Segelschiff[4] von Amsterdam in Holland ab. Auf unserer Reise geschah zuerst nichts Interessantes, nur hatten wir einmal während der Reise einen groβen Sturm.[5] Der Sturm begann, als wir gerade an Land lagen, wo wir Holz und Wasser holen wollten. Der Wind war so stark, daβ er eine groβe Zahl von dicken Bäumen aus der Erde riβ[6] und hoch in die Luft warf. Einige dieser Bäume

[1]**der Wunsch** wish. [2]**stundenlang** for hours. [3]**segeln** sail; **absegeln** sail away, set sail. [4]**das Segel** (sail) + **das Schiff** (ship) = **das Segelschiff** sailing ship. [5]**der Sturm** storm. [6]**reiβen** tear.

waren wohl so schwer wie hundert Elefanten, aber der Sturm warf sie fünf Meilen[7] hoch in die Luft. Die schwersten Bäume erschienen hoch in der Luft nicht größer als die ganz kleinen Federn eines Vogels. Aber der Sturm legte sich,[8] und jeder der Bäume fiel hoch vom Himmel wieder in die Erde hinein, und jeder fiel genau an die Stelle, wo er gestanden hatte. Nach wenigen Minuten konnte man nicht mehr sehen, daß ein Sturm über das Land gegangen war. Nun holten wir Holz und Wasser und segelten mit gutem Wind weiter. Nach sechs Wochen kamen wir endlich in Ceylon an.[9]

Mein Onkel kannte auf Ceylon einen reichen Kaufmann.[10] Der Sohn dieses Kaufmanns wurde bald mein Freund. Eines Tages bat er mich, mit ihm auf die Jagd zu gehen. Ich liebe[11] die Jagd und ging gern mit. Mein Freund war ein großer, starker Mann. Er fühlte die heiße Mittagssonne nicht. Ich aber wurde nach kurzer Zeit so müde, daß ich ein wenig ruhen wollte. Bald war er so weit weg, daß ich ihm nicht mehr folgen konnte.

Ich setzte mich auf einen Stein, um zu ruhen. Der Stein lag nahe an einem reißenden[12] Fluß. Auf einmal hörte ich etwas. Ich wandte[13] den Kopf und sah einen großen Löwen. Der Löwe sah mich und kam näher. Er dachte wohl: „Ein feiner Herr. Der Mann gefällt mir. Der Mann soll mein Mittagessen sein und wird mir gut schmecken. Appetit habe ich genug für drei." Zuerst fürchtete ich mich so sehr, daß ich nicht aufstehen konnte. Aber endlich begann ich zu laufen, so schnell wie ich konnte. Da sah ich auf einmal ein großes Krokodil vor mir. Dieses öffnete seinen Mund. Noch heute sehe ich den großen Mund und die scharfen Zähne. Ich dachte: „Das ist der letzte Augenblick deines Lebens." Welch ein Abenteuer! Hinter mir ein Löwe, vor mir ein Krokodil, an der einen Seite ein reißender Fluß, an der anderen ein Wald mit wilden Tieren!

Ich fiel zur Erde. Ich wartete. Ich legte meine Hände vor die Augen und dachte wieder: „Ich muß sterben. Ich bin verloren. Die nächste Sekunde ist meine letzte." Schon glaubte ich, die scharfen Zähne der Tiere zu fühlen, als etwas Wunderbares geschah. Langsam wandte ich den Kopf und sah zurück. Was sah

---

[7]**die Meile** mile. [8]**legte sich** *here* subsided. [9]**ankommen** arrive. [10]**der Kaufmann** merchant; *plural:* **Kaufleute.** [11]**lieben** love. [12]**reißend** *here* raging. [13]**wenden** turn.

ich? Was war geschehen? Nie werden Sie glauben, was geschehen war! Der Löwe war zu hoch und zu weit gesprungen und war in den großen Mund des Krokodils gefallen. Der Kopf des Löwen steckte fest zwischen den Zähnen des Krokodils. Der Löwe ver-
5 suchte zu entkommen, aber es war zu spät. Schnell sprang ich auf, nahm mein scharfes Jagdmesser[14] aus der Tasche und schnitt dem Löwen den Kopf ab. Der große, schwere Körper des Tieres lag tot zu meinen Füßen. Und das Krokodil? Ich schlug den Kopf des Löwen noch weiter in den Mund des Krokodils hinein, es
10 bekam keine Luft mehr und war in wenigen Minuten tot.

Bald darauf kam mein Freund zurück. Er wollte sehen, warum ich ihm nicht gefolgt war. Ich erzählte ihm von meinem wunderbaren Abenteuer, und dann gingen wir nach Hause zurück, wo ich alles immer wieder erzählen mußte. Der Vater meines
15 Freundes schickte seine Leute mit einem Wagen und Pferden in den Wald, um die Tiere zu holen. Aus dem Pelz des Löwen machten wir kleine Geldbeutel.[15] Jedem meiner Freunde auf Ceylon schenkte ich einen solchen Beutel für sein Geld. Einige Beutel nahm ich mit nach Holland, wo ich dem Bürgermeister[16] von
20 Rotterdam einen gab. Der Bürgermeister wollte mir tausend Taler dafür geben, aber ich nahm sein Geld nicht an. Das Krokodil steht im Museum in Amsterdam, und jeden Tag kommen viele Leute aus allen Ländern der Welt, um es zu sehen.

Aber ich muß meine Leser warnen![17] Der Diener im Museum
25 in Amsterdam lügt[18] gern. Er erzählt von mir und meinen Abenteuern, aber er lügt und weiß nicht einmal, daß er es tut. Ich glaube, er kann nicht lesen. Jeder liest mein Buch, und darum weiß jeder mehr von meinen wunderbaren Reisen und Abenteuern als der Diener im Museum in Amsterdam.

EXERCISES 11

A. Antworten Sie auf deutsch!

1. Was wünschte Münchhausen als kleiner Junge?
2. Wer besuchte eines Tages Münchhausens Familie?

---

[14]**die Jagd** (hunting) + **das Messer** (knife) = **das Jagdmesser** hunting knife. [15]**der Beutel** pouch. [16]**der Bürgermeister** mayor. [17]**warnen** warn. [18]**lügen** lie, tell a lie.

3. Wohin reiste der Junge?
4. Was geschah im Sturm mit den Bäumen?
5. Mit wem ging Münchhausen auf die Jagd?
6. Warum setzte sich Münchhausen auf einen Stein?
7. Was geschah, als Münchhausen auf dem Stein saß?
8. Warum dachte Münchhausen, daß er verloren war?
9. Was geschah mit dem Löwen?
10. Wie tötete Münchhausen das Krokodil?
11. Was machte Münchhausen mit den toten Tieren?

B. Match each element in the left column with the correct one in the right to make compound nouns. You should be able to create exactly ten compound nouns that you have already seen. Use each one in a sentence. Remember that the gender of the compound is determined by its final element, and be sure to insert any connecting letters that are required.

die Karten	das Messer
das Klavier	das Schiff
der Markt	der Mann
der Wind	das Spiel
der Rat	das Essen
der Schlaf	der Spieler
die Jagd	die Mühle
der Kauf	das Zimmer
das Segel	das Haus
der Mittag	der Platz

12. DIE REISE NACH NORDAMERIKA

Im Jahre 1776 (siebzehnhundertsechsundsiebzig) segelte ich auf einem großen englischen Segelschiff nach Nordamerika. Auf dem Schiff waren vierzehnhundert Soldaten. Während unserer Reise geschah nichts Interessantes, bis wir etwa noch dreihundert Meilen weit vom Land waren. Hier stieß[1] unser Schiff auf einmal gegen etwas sehr Festes und Hartes. Der Stoß war so stark, daß alles auf dem Schiff zerbrach, zerriß oder ins Wasser fiel. Ich war in meinem Zimmer und flog durch den Stoß mit dem Kopf so hart an die Decke[2] des Zimmers, daß mein Kopf tief zwischen

[1]**stoßen** push, knock, bump; *noun:* **der Stoß** blow. [2]**die Decke** ceiling.

den Schultern steckte. Einer unserer armen Leute flog durch den Stoβ drei Meilen hoch in die Luft. Hoch in der Luft flog aber eine wilde Ente.[3] Der Mann faβte glücklich den Schwanz der Ente und fiel langsam ins Meer. Dann legte er sich zwischen den Hals
5 und die Flügel der Ente und schwamm bis an unser Schiff. Und so war er in wenigen Minuten wieder zurück.

Nun wollten wir wissen, wogegen[4] unser Schiff gelaufen war. Wir dachten: „Vielleicht ist es ein Eisberg", und darum nahmen wir ein groβes Stück Eisen, banden es an ein langes Seil und
10 warfen es ins Meer. Wir lieβen es hundert Meilen tief sinken, aber wir fanden keinen Grund.[5] Auf einmal erklärte sich alles durch einen groβen Walfisch.[6] Ich entdeckte ihn oben auf dem Wasser. Er hatte in der Sonne gelegen und war eingeschlafen. Unser Schiff war gegen ihn gelaufen, und natürlich war er durch den Stoβ
15 erwacht. Weil wir ihn aus dem Schlaf geweckt hatten, wurde er auf einmal sehr böse und schlug mit seinem Schwanz einen Teil unseres Schiffes in tausend Stücke. Dann nahm er unseren Anker[7] zwischen die Zähne und zog uns sechzig Meilen weit durchs Meer. Der Walfisch schwamm so schnell, daβ die Kette unseres Ankers
20 zerriβ, wodurch der Fisch unser Schiff verlor.

Sechs Monate später segelten wir nach England zurück. Da fanden wir unseren Walfisch tot auf dem Wasser liegen. Er lag

---

[3]**die Ente** duck. [4]**woge'gen** against what. [5]**der Grund** ground. [6]**der Walfisch** whale. [7]**der Anker** anchor.

nicht weit von der Stelle, wo ich ihn zuerst gesehen hatte. Und er war—ich lüge nicht—genau eine halbe Meile lang. Von einem so großen Tier konnten wir natürlich nicht viel mitnehmen. Wir ließen kleine Boote ins Meer hinab und schnitten dem Walfisch den Kopf ab. Und was fanden wir? Wir fanden nicht nur unseren Anker, sondern auch unser hundert Meilen langes Seil. Auf der linken Seite seines Mundes lagen Anker und Seil in einem Loch im Zahn.

EXERCISES 12

A. Sind diese Sätze richtig oder falsch? Korrigieren Sie die falschen!

1. Im Jahre 1776 segelte Münchhausen auf einem großen amerikanischen Schiff.
2. Das Schiff stieß gegen etwas Weiches.
3. Münchhausen flog mit dem Kopf an die Tür.
4. Eine Wildente half einem der Männer.
5. Das Schiff war gegen einen Eisberg gelaufen.
6. Ein Walfisch zog das Schiff viele Meilen weit durchs Meer.
7. Im Bauch des Walfisches waren der Anker und das lange Seil.

B. By now you have become accustomed to using separable prefixes with verbs. Some of these prefixes are adverbs that can be attached rather freely to verbs describing motion or actions that are compatible with the meanings of the adverbs. **Weg, weiter,** and **zurück** are good examples, e.g., **Till zog bald darauf weiter.** Combine each of the following verbs with each of these prefixes and make up new sentences:

gehen **laufen** **schicken** **geben**

There are many other separable prefixes that are comprehensible to some degree, but they should be learned as separate vocabulary items. Answer the following questions for practice.

1. Sieht man ohne Brille besser aus?
2. Wann macht man die Fenster auf?
3. Um wieviel Uhr stehen Sie am Sonntag auf?
4. Was nehmen Sie mit, wenn Sie eine Reise machen?
5. Wann fängt der Sommer an?

6. Schreiben Sie alles auf, was die Professoren sagen?
7. Sind Sie schon einmal in einer Vorlesung eingeschlafen?
8. Kommen Sie gern mit Ihren Freunden zusammen?

13. EIN BAD IM MEER

An einem schönen Sommernachmittag badete ich im Meer nicht weit von einer großen Stadt. Das Wetter war so schön und das Wasser so warm, daß ich nicht wußte, wie weit ich geschwommen war. Vielleicht war ich etwa fünfzig Meilen vom Land, denn wohin
5 ich den Kopf auch wandte,[1] sah ich nichts als Wasser. Ich legte mich auf den Rücken, um ein wenig zu ruhen und die warme Sonne in mein Gesicht scheinen zu lassen. Auf einmal sah ich einen sehr großen Fisch. Er schwamm sehr schnell und kam bald näher. Dann machte er seinen großen Mund auf. „Nicht sehr
10 schön", dachte ich, „aber ich werde ihm einen bösen Streich spielen." Was tat ich? Ich legte meine Arme nahe an den Körper und machte mich so dünn, wie ich konnte. Dann schwamm ich langsam durch die Zähne und den großen Mund in den Magen[2] des Fisches hinein.

15 Im Magen meines Feindes war es sehr dunkel und heiß. Es war ein so großer Magen, daß zwölf große Männer darin tanzen konnten. „Nun soll mein Fisch Magenschmerzen[3] bekommen", dachte ich, „ich werde ihm einen Streich spielen, und bald soll er mich wieder ans Land setzen." Dann begann ich zu tanzen und
20 zu springen. Sofort bekam der Fisch die bösesten Magenschmerzen, sprang aus dem Wasser und fing an, ganz laut zu schreien. Aber das war sein Tod. Einige Menschen auf einem englischen Segelschiff hatten das laute Schreien meines Feindes gehört. Sie kamen und töteten ihn in wenigen Minuten.

25 Die Leute zogen den Fisch auf das Schiff. Nun hielten sie Rat. Endlich sagte einer der Leute: „Holt das Messer, wir schneiden ihn in Stücke." Natürlich fürchtete ich mich ein wenig vor den Messern der Männer und stellte mich sofort in die Mitte des Magens. „Hier", dachte ich, „werden die scharfen Messer der Leute
30 mich nicht schneiden können, denn natürlich werden sie mit dem

---

[1]**wohi'n ich den Kopf auch wandte** wherever I turned my head. [2]**der Magen** stomach. [3]**der Schmerz** pain, ache; **die Magenschmerzen** stomach ache.

Schwanz oder dem Kopf anfangen." Aber sie begannen weder mit dem Schwanz noch[4] mit dem Kopf. Sie begannen mit dem Magen, sie schnitten den Magen zuerst auf. Bald sah ich ein wenig Licht[5] und rief so laut wie ich konnte: „Es freut mich, die Herren zu sehen, es freut mich sehr. Es freut mich noch mehr, daß die Herren mich wieder an das Licht der Sonne bringen, denn hier ist weder Licht noch Luft!"

Ich kann Ihnen nicht sagen, wie erstaunt die Herren waren, und was für Gesichter sie machten. Auch kann ich Ihnen nicht sagen, was sie dachten, als sie die Stimme eines Mannes aus dem Magen des Fisches rufen hörten. Als ich endlich wieder in der frischen, freien Luft stand, erklärte ich ihnen, wie alles geschehen war. Natürlich mußte ich mein Abenteuer immer wieder erzählen.

Die Leute gaben mir viel Gutes zu essen und zu trinken. Dann sprang ich wieder ins Meer und schwamm zurück ans Land, woher ich gekommen war. Am Land fand ich meine Kleider und wanderte zurück in die Stadt.

EXERCISES 13

A. Antworten Sie auf deutsch!

1. Was machte Münchhausen im Meer?
2. Was sah Münchhausen auf einmal im Wasser?
3. Warum machte sich Münchhausen so dünn, wie er konnte?
4. Warum bekam der Fisch Magenschmerzen?
5. Wie kam der Fisch auf ein Schiff?
6. Wovor fürchtete sich Münchhausen?
7. Was fanden die Leute im Magen des Fisches?
8. Wie kam Münchhausen wieder ans Land?

B. We have used eight additional verbs with inseparable prefixes since the previous exercise on this topic (Part Three, Section 10). Make up questions for which the following sentences containing these verbs are appropriate answers. What is the infinitive of each verb?

1. Das Seil **zerriß,** und mein Pferd fiel von der Spitze des Turmes herab.
2. Der Bäcker **befahl** Till, allein zu backen.

---

[4]**weder . . . noch** neither . . . nor. [5]**das Licht** light.

3. Als der Herr **erwachte**, gab er der Bäuerin ein Goldstück.
4. Wer kein Glück hat, **gewinnt** im Schlaraffenland immer.
5. Die alte Frau **versteckte** ihr Geld im Garten.
6. Münchhausens Abenteuer **erschienen** zuerst in englischer Sprache.
7. Er **erlaubte** dem Müller, seine Mühle zu behalten.
8. Die Kranken **versprachen**, keinem Menschen etwas zu sagen.

14. EIN RITT[1] AUF DEM TEETISCH[2]

Ich habe Ihnen noch nicht von meinem wunderbaren Pferd erzählt. Meine Freunde haben oft versucht, es für mehrere hunderttausend Taler in Gold von mir zu kaufen, aber ich habe es seit vielen Jahren und gebe es nicht weg. Ich bekam dieses schöne 5 Tier von einem meiner Freunde als Geschenk für einen Ritt auf dem Teetisch. Ich will Ihnen erzählen, wie das geschah.

Vor langen Jahren besuchte ich in Rußland einen Freund. Er wohnte mit seiner Familie in einem schönen Schloß, hatte viel Geld und viel Land und alles, was ein Mensch sich wünschen 10 kann. Eines Nachmittags saßen wir beim Tee. Der Freund sprach mit großer Liebe von einem seiner jungen Pferde und bat die Herren, mit ihm hinunter in den Stall zu gehen, um es zu sehen. Die Herren gingen mit meinem Freund, während ich bei den Frauen im Teezimmer blieb. Sie waren noch nicht lange weg, als 15 wir auf einmal einen Schrei hörten. Ich sprang auf, lief schnell durch den Garten hinab in den Stall und fand das herrliche[3] Tier so wild, daß niemand es reiten wollte. Die Herren standen um das Pferd und fürchteten sich, und alle Gesichter waren weiß wie Schnee. Schnell sprang ich auf den Rücken des Pferdes und ritt 20 so lange und so schnell durch Wald und Feld, daß das Tier endlich ganz müde war. Dann ritt ich zum Schloß zurück.

Um den Männern und Frauen noch besser zu zeigen, daß sie keinen Grund zur Sorge[4] hatten, ließ ich das Pferd mit mir durchs Fenster ins Teezimmer springen. Hier ritt ich einige Male hin 25 und her, ließ das Pferdchen auf den Teetisch springen und zeigen,

[1]**der Ritt** ride (*on horseback*). [2]**der Tee** (tea) + **der Tisch** = **der Teetisch** tea table. [3]**herrlich** magnificent. [4]**Grund zur Sorge** cause for alarm.

was es konnte, worüber alle sich sehr freuten. Das Tier machte es so wunderbar, daß weder Gläser noch Teller zerbrachen.

Dem Freund aber gefiel mein Ritt so gut, daß er mich bat, sein wunderbares Pferd als Geschenk anzunehmen, was ich gerne tat. 5

EXERCISE 14

Antworten Sie auf deutsch!

1. Was hatte Münchhausen von seinem Freund als Geschenk bekommen?
2. Wo wohnte Münchhausens Freund?
3. Warum fürchteten sich die anderen Herren vor dem Tier?
4. Was machte Münchhausen mit dem Pferd?
5. Wie zeigte Münchhausen allen, daß das Pferd nicht mehr wild war?

Idioms Used in the Text

sich ärgern über take offense at, be angry at. (1.2)

zu der Zeit at that time. (1.4)

klagen über complain about. (2.6)

ich tue doch niemand etwas I am not harming anybody. (2.8)

Gesichter schneiden make faces. (2.9)

es ging seiner Mutter nicht gut his mother was not doing well. (3.2)

als ob as if, as though. (4.6)

fragen nach ask about. (5.7)

Platz nehmen take a seat. (7.3)

bis an, bis auf, bis zu until, up to, as far as. (7.6)

jemand in die Lehre geben apprentice someone. (8.1)

bis spät in die Nacht hinein until late at night. (9.6)

wohin ich den Kopf auch wandte wherever I turned my head: *question word* . . . **auch** = *question word*–ever. . . . (13.1)

weder . . . noch neither . . . nor. (13.4)

Grund zur Sorge cause for alarm. (14.4)

VOCABULARY

(List A)

der Affe
der Anker
der Baron
der Direktor
der Grund
das Licht
die Meile
Nürnberg
der Pfennig
die Pistole
Rußland
der Sack
das Schiff
sinken
der Sturm
der Walfisch
warnen

(List B)

das Abenteuer
ankommen
ärgern
aufmachen
aufschreiben
die Backstube
der Baumstumpf
befehlen
der Beutel
der Buchstabe
der Bürger
der Bürgermeister
darauf
das Dach
die Decke
die Ente
einschlafen
erscheinen
etwa
die Eule
fassen
der Flügel
genau
der Geselle
heilen
herrlich
das Holz
der Jahrmarkt
der Kaufmann
die Kirche
klagen
das Korn
das Krankenhaus
die Krankheit
die Lehre
lieben
lügen
der Magen
das Meer
mutig
der Narr
nennen
das Pulver
das Rathaus
reißen
der Ritt
der Schalk
schießen
der Schmerz
segeln
das Seil
der Spiegel
die Spitze
stoßen
der Streich
stundenlang
tief
der Turm
weder . . . noch
wenden
wohl
der Wunsch
zerreißen

Part Five

Vier berühmte Märchen

Vier berühmte Märchen

The fairy tale is the quintessential success story. The heroes usually begin as victims and are triumphant in the end. The peculiar fascination of fairy tales comes from their mixing of magic and the supernatural with the commonplace. The deepest aspirations of humanity are allowed to be fulfilled in a world where all hindrances, including our deepest fears, can be conquered, a world in which fantasies become real.

"The King's New Clothes" seems at first glance to fall outside the pattern, since the king ends as the fool; but the real heroes are the innocent child and the common people for whom the child speaks in unmasking the fraudulent, pompous, and unjust monarch. "The Town Musicians of Bremen" are down-and-outers who learn what they can do by combining their admittedly rather specialized talents. In "Hansel and Gretel" impoverished children overcome both an evil stepmother and a wicked witch by relying on their common sense. Part Five concludes with "Sleeping Beauty," a tale in which virtue and beauty ultimately triumph, even when forced to wait for a hundred years.

"The King's New Clothes" is adapted from "The Emperor's New Clothes," one of the most popular fairy tales of the Danish author Hans Christian Andersen, while the last three are among the stories collected and retold by the brothers Jakob and Wilhelm Grimm in nineteenth-century Germany.

1. DES KÖNIGS NEUE KLEIDER

Es war einmal[1] ein König. Dieser liebte nichts mehr als schöne, neue Kleider, und darum hatte er für jede Stunde des Tages etwas Neues.

Alles trug er nur einmal und dann nie wieder. Die neuen
5 Kleider des Königs kosteten sein Land natürlich sehr viel Geld. Auch sorgte er nicht für[2] seine Bürger, seine Bauern, seine Dörfer und Städte; er hatte zu viel mit seinen Kleidern zu tun. Wenn

---

[1]**es war einmal** once upon a time there was. [2]**sorgen für** care (provide) for.

man ihn suchte, so fand man ihn nicht, wie andere Leute, bei der Arbeit; man fand ihn im Kleiderzimmer vor einem großen Spiegel.

Der König wohnte in einer großen Stadt. Jeden Tag kamen dort viele Fremde[3] an. Eines Tages erschienen auch zwei Abenteu- 5 rer. Sie kamen auf das Schloß des Königs und sagten: „Wir sind Fremde in deinem Land. Wir sind lange gereist, um zu dir zu kommen, denn wir wissen, daß du nichts mehr liebst als schöne Kleider. Wir sind Weber.[4] Wir weben[5] die herrlichsten Stoffe[6] der Welt. Wir weben diese Stoffe in allen Farben und Mustern.[7] Von 10 nun an wollen wir nur für dich leben und arbeiten. Aber das ist nicht alles. Wer dumm oder faul ist, schlechte Arbeit tut und für sein Amt[8] nicht taugt,[9] der[10] kann unsere Stoffe nicht sehen. Wer aber klug und fleißig ist und für sein Amt taugt, der sieht unsere Stoffe sofort." 15

„Das müssen wunderbare Stoffe sein", dachte der König. „Wenn ich Kleider aus solchem Stoff trage, kann ich sehen, wer in meinem Land schlechte Arbeit tut und für sein Amt nicht taugt. Ja, solchen Stoff muß ich haben!" Dann gab er den beiden Fremden viel Geld und befahl ihnen, ihre Arbeit sofort zu beginnen. 20

Die beiden Abenteurer stellten zwei Webstühle[11] in ein großes Zimmer. Sie setzten sich vor die Webstühle und taten, als ob sie arbeiteten.[12] Aber auf den Stühlen war kein Stoff zu sehen.[13] Der König gab ihnen alles, was sie wünschten, die beste Seide[14] und 25

---

[3]**der Fremde** stranger. [4]**der Weber** weaver. [5]**weben** weave. [6]**der Stoff** material; goods. [7]**das Muster** pattern; model. [8]**das Amt** office. [9]**taugen** be fit (useful, good). [10]**der** he. [11]**der Webstuhl** (weaver's) loom. [12]**sie taten, als ob sie arbeiteten** they acted as though they were working. [13]**war zu sehen** could be seen: **sein . . . zu** + *infinitive* is to be (can be) + *past participle*. [14]**die Seide** silk.

das beste Gold. Das steckten sie in die eigenen Taschen und arbeiteten an den leeren Webstühlen bis spät in die Nacht hinein.

Nach einiger Zeit wollte der König wissen, wie weit die Weber mit ihrer Arbeit waren. Aber er fürchtete sich ein wenig, selbst zu ihnen zu gehen, weil er wußte, was es hieß,[15] wenn man den Stoff nicht sehen konnte. Er dachte: „Ich bin weder dumm noch faul und tauge für mein Amt so gut wie der Beste in meinem Land. Aber es ist doch wohl besser,[16] zuerst einen anderen zu schicken. Alle Leute im ganzen Land wissen, was für einen wunderbaren Stoff die Weber machen, und jeder will wissen, wie dumm oder faul sein Nachbar ist. Ich werde meinen guten alten Minister[17] zu den Webern schicken. Er ist klug, hat gute Augen und kann am besten sehen, ob der Stoff gut ist."

Nun ging der alte Minister in das Arbeitszimmer der beiden Weber. Diese saßen vor den leeren Webstühlen und taten so, als ob sie arbeiteten. „Himmel!" dachte der alte Mann und machte die Augen weit auf, aber er konnte nichts sehen, denn es war nichts zu sehen da. „Mein Gott!" dachte er, „bin ich dumm? Tauge ich nicht für mein Amt? Das habe ich nicht geglaubt, und das darf kein Mensch wissen. Nein, ich darf nicht sagen, daß ich den Stoff nicht sehen kann."—„Nun, du sagst ja nichts",[18] sprach der eine am Webstuhl. „Oh, der Stoff ist gut und schön", sagte der alte Minister, „dieses Muster und diese Farben! Ja, ich werde dem König sagen, daß er mir sehr gut gefällt."—„Das freut uns!" sagten die beiden Diebe, und darauf nannten sie die Namen der Farben und sprachen noch lange über das schöne Muster. Der alte Minister hörte gut zu,[19] denn er wollte seinem König das sagen, was die Diebe ihm gesagt hatten.

Nun wünschten die Abenteurer mehr Seide und Gold. Sie sagten, daß sie das für des Königs neue Kleider brauchten. Der König hörte zu und schickte alles, was sie wünschten; sie aber steckten alles in ihre eigenen Taschen. Die Webstühle blieben leer, und doch taten sie so, als ob sie vom frühen Morgen bis spät in die Nacht hinein arbeiteten. Bald schickte der König einen zweiten Minister zu ihnen, denn er wollte wissen, wie weit sie nun mit ihrer Arbeit waren. Der zweite Minister sah nicht mehr als der

---

[15]**heißen** *here* mean. [16]**es ist doch wohl besser** it is probably better. [17]*pronounce*: **der Mini'ster** cabinet member. [18]**nun, du sagst ja nichts** well, why don't you speak? [19]**zuhören** listen (to).

erste. Er sah immer wieder die leeren Webstühle an, da[20] aber kein Stoff auf den Stühlen war, konnte er natürlich keinen sehen. „Ist das nicht ein schöner Stoff?" fragten die beiden Diebe und zeigten und erklärten das schöne Muster; aber der Minister sah nichts, weil gar nichts zu sehen da war. „Ich bin weder dumm 5 noch faul", dachte der Mann, „also muß es meine schlechte Arbeit in meinem guten Amt sein. Ich tauge nicht für meine Arbeit, aber niemand soll es wissen." Darauf ging er zurück zum König und sagte: „Sehr guter Stoff, schöne Muster, wunderbare Farben!" Alle Leute in der Stadt sprachen nun von dem wunderbaren Stoff 10 für des Königs neue Kleider.

Nun wollte der König den Stoff selbst sehen, bevor[21] er fertig war. Mit den klügsten und berühmtesten Männern des Landes ging er zu dem Haus, wo die Abenteurer webten. Unter[22] den klügsten Männern waren auch die beiden Minister. Alle standen 15 nun um die Webstühle und die Tische, und nichts war zu sehen. „Ja, ist das nicht wunderbar?" sagten die Minister; „was für schöne Farben, was für ein interessantes Muster!" und sie zeigten auf die leeren Webstühle, denn jeder von ihnen dachte: „Alle können den Stoff sehen, nur ich sehe nichts." 20

„Was ist das?" dachte der König, „ich sehe ja gar nichts![23] Das ist schrecklich![24] Bin ich dumm? Bin ich ein schlechter König? Tauge ich nicht für mein Amt? Das ist das Schrecklichste, was mir im Leben geschehen ist."—„Oh, der Stoff ist ganz schön", sagte er dann laut, „er gefällt mir sehr!" und er sah die leeren 25 Webstühle an, denn er wollte nicht sagen, daß er nichts sehen konnte. Und alle die klugen und berühmten Männer sahen die leeren Webstühle und die leeren Tische an, und niemand sah mehr als der König. Aber wie der König sagten auch sie: „Der Stoff gefällt mir sehr."—„Schön, wie wunderbar!" ging es von 30 Mund zu Mund. Dann baten sie den König, sehr bald einmal neue Kleider aus dem schönen Stoff zu tragen.

Nun geschah es, daß der König in der nächsten Woche ein großes Fest[25] feiern[26] wollte. Die Minister und alle großen Männer des Landes sollten seine Gäste sein. Die Feier sollte mit einem 35 Zug[27] durch die Stadt beginnen. Nun arbeiteten die beiden Weber

---

[20]**da** *here* since. [21]**bevor** before. [22]**unter** *here* among. [23]**ich sehe ja gar nichts** why, I see nothing at all. [24]**schrecklich** terrible. [25]**das Fest** festival. [26]**feiern** celebrate: **die Feier** celebration. [27]**der Zug** *here* procession, parade.

noch fleißiger. Die ganze Nacht vor dem Tag des Festes saßen sie vor ihren leeren Webstühlen und taten so, als ob sie arbeiteten. Sie hatten sechzehn Lichter angezündet.[28] Alle Leute konnten sehen, wie schwer sie an den neuen Kleidern des Königs arbeiteten. Endlich sagten sie: „Nun sind die Kleider fertig."

Der König kam mit seinen Ministern selbst zu ihnen, und die beiden Abenteurer hoben den einen Arm in die Luft, als ob sie etwas hielten, und sagten: „Seht, hier sind die neuen Kleider. Alles ist so leicht wie Luft. Das ist das Beste an[29] unserem Stoff; man fühlt nicht, daß man Kleider trägt."

„Will der König nun hier vor dem großen Spiegel die alten Kleider ausziehen[30] und die neuen anziehen?"[31] sagten die Minister und die klugen Männer, ohne etwas zu sehen, weil gar nichts zu sehen da war. Der König zog seine Kleider aus, und die Diebe taten, als ob sie ihm jedes Stück der neuen Kleider anzogen. „Wie himmlisch[32] sie sitzen,[33] wie schön sie sind", riefen alle. „Welches Muster, welche Farben! Das ist ein himmlisches Kleid!" Aber der König dachte: „Ich fühle nichts, und ich sehe nichts; ich glaube, ich habe gar keine Kleider an." Dann aber sagte er laut: „Das Kleid ist schön, und alles sitzt sehr gut, ich bin zufrieden." Und darauf wandte er sich noch einmal zum Spiegel, sah hinein und sagte: „Ich bin fertig."

So ging nun der herrliche Zug durch die Straßen der Stadt. Zuerst im Zug ritten die Reiter des Königs, dann kamen die Soldaten, dann der König selbst mit seinen neuen Kleidern und endlich die Minister und die klügsten und berühmtesten Männer des Landes. Die Musik spielte, das Volk rief: „Lang lebe[34] der König!"

Auf einmal hörte man die Stimme eines kleinen Kindes: „Der König hat seine Kleider vergessen. Der König hat gar nichts an!" rief das Kind. „Himmel, sei still!" sagte der Vater zu seinem Kind. Aber einer sagte leise in das Ohr seines Nachbarn, was das Kind gesagt hatte. „Er hat gar nichts an; das kleine Kind dort sagt, er hat gar nichts an!"—„Er hat gar nichts an!" rief endlich das ganze Volk.

Der König ärgerte sich und dachte: „Vielleicht hat das dumme Volk recht; aber ich habe das Fest begonnen und werde weiter-

---

[28]**anzünden** light. [29]**an** *here* about. [30]**ausziehen** take off. [31]**anziehen** put on. [32]**himmlisch** heavenly, divine. [33]**sitzen** *here* fit. [34]**lebe** live, may live.

spielen, bis es zu Ende ist." Und so ging der Zug weiter. Das Volk aber sah den König an, suchte seine neuen Kleider und sah nichts, denn das Kind hatte recht.

EXERCISES 1

A. Antworten Sie mit **ja** oder **nein**!

1. Liebte der König nichts mehr als gutes Essen?
2. Fand man den König bei der Arbeit, wenn man ihn suchte?
3. Wohnte der König auf dem Land?
4. Waren die Fremden wahre Weber?
5. Arbeiteten die Fremden an ihren Webstühlen?
6. Schickte der König seinen alten Vater zu den Webern?
7. Zog der König seine alten Kleider aus?
8. Waren die neuen Kleider schwer?
9. Freute sich der König über die Worte des Volkes?

B. Antworten Sie auf deutsch!

1. Wie oft trug der König jedes Stück seiner Kleider?
2. Warum sorgte der König nicht für sein Land?
3. Was wollten die Fremden für den König tun?
4. Warum fürchtete sich der König, selbst zu den Webern zu gehen?
5. Was sagte der Minister über den Stoff?
6. Warum konnte der zweite Minister keinen Stoff sehen?
7. Warum sagte der König: „Dieser Stoff gefällt mir?"
8. Wann wollte der König ein großes Fest feiern?
9. Was sagte der König, als er sich zum Spiegel wandte?
10. Welche Leute sah man im Zug durch die Straßen?
11. Was rief das kleine Kind, als es den König sah?

C. You have seen many examples of the motion adverbs **hin** and **her** both alone and in combination with other adverbs, often functioning as separable prefixes attached to verbs of motion. The most common ones are:

Motion away from the speaker	Motion toward the speaker	English meaning
hin	**her**	
hinab	**herab**	down
hinauf	**herauf**	up
hinaus	**heraus**	out
hinein	**herein**	in
hinüber	**herüber**	across
hinunter	**herunter**	down

Combinations of **hin–** forms with **gehen** and **her–** forms with **kommen** are common, because these verbs refer to *going* (away from the speaker) and *coming* (*toward the speaker*). Most verbs are more neutral in their basic meanings. Study these examples taken from earlier texts:

Der große Vogel **fliegt** schnell **herab** und frißt den Frosch und die Maus.

Wir **ließen** kleine Boote ins Meer **hinab**.

Sie **nahm** den Vogel aus dem Käfig **heraus**.

Er **bringt** zuerst den Wolf **hinüber**.

The following verbs also occur in Parts One through Four with one or more of these adverbial prefixes:

fallen	schwimmen	stecken
laufen	sehen	steigen
scheinen	setzen	ziehen
schlagen	springen	

See whether you can combine each verb with at least one of the prefixes in a sentence.

In everyday speech, the first syllable of many of the combined forms is dropped, and replaced with **r–** regardless of whether it is **hin–** or **her–**. Thus **Komm raus!** means *Come out!* and **Geh raus!** means *Get out!* even though the full form of the latter is **Geh hinaus!** Replace the last words in the following sentences with abbreviated forms beginning in **r–** and indicate where the speakers are located in each case.

Gehen Sie sofort in den Keller hinunter!

Kommen Sie sofort in den Keller herunter!

Kommen Sie aus dem Haus heraus!

Gehen Sie in das Haus hinein!

Komm herein!

Geh hinaus!

2. DIE BREMER[1] STADTMUSIKANTEN[2]

Ein Mann hatte einmal einen Esel. Dieser hatte viele Jahre lang die Säcke fleißig zur Mühle getragen, aber nun wurde er so alt und schwach, daß er nicht mehr arbeiten konnte. Da dachte der Herr: „Warum soll ich ihm länger zu fressen geben? Er ist alt 5 und schwach. Ich will ihn nicht länger behalten. Ich lasse ihn laufen."

Der Esel aber wußte, daß sein Herr ihn nicht mehr im Stall haben wollte. So lief er weg und machte sich auf den Weg nach Bremen. „In Bremen", sagte er sich, „kann ich ja Stadtmusikant 10 werden."[3]

Als er ein Stück des Weges gelaufen war, fand er einen Jagdhund auf dem Weg liegen. Dieser war weit gelaufen und sehr müde. „Nun, warum bist du so müde, alter Freund?" fragte der Esel. „Oh", sagte der Hund, „ich bin alt und werde jeden Tag 15 schwächer. Ich kann auf der Jagd nicht mehr schnell genug laufen, und darum wollte mein Herr mich töten. Da bin ich gelaufen so schnell, wie ich konnte. Aber wie soll ich nun mein Essen bekommen?"—„Das ist nicht schwer", sprach der Esel. „Nichts ist leichter als das. Ich gehe nach Bremen und werde dort Stadt- 20 musikant. Geh mit[4] und werde auch Musikant!" Der Hund war mit dem Rat des Esels zufrieden, und sie gingen weiter.

Nicht lange darauf trafen sie eine Katze. Die saß am Weg und machte ein Gesicht wie drei Tage Regenwetter. „Nun, warum machst du ein Gesicht wie drei Tage Regenwetter, du alter Mäu- 25 sefresser?"[5] sprach der Esel. „Wer kann froh sein und lachen, wenn er sterben soll?" antwortete die Katze. „Weil ich alt bin und meine Zähne nicht mehr scharf sind, liege ich gern hinter dem Ofen;[6] und da ich für die Mäusejagd nicht mehr tauge, wollte man mich in den Bach werfen. Da habe ich mich schnell auf den 30 Weg gemacht. Aber nun weiß ich nicht, wo ich genug zu essen finden kann."—„Nichts ist leichter als das", sprach der Esel, „geh mit uns nach Bremen. Du bist doch[7] eine gute Nachtmusikantin.

---

[1]**Bremer** (people) of Bremen. [2]**die Stadt** (city) + **der Musika'nt** (musician) = **der Sta'dtmusika'nt** town musician. [3]**in Bremer kann ich ja Stadtmusikant werden** why, in Bremen I can become (*or* be) a town musician. [4]**mit** *here* along; **mitgehen** go (come) along. [5]**der Mäusefresser** mouse-eater. [6]**der Ofen** stove, furnace; oven. [7]**doch** *here* surely, certainly.

Niemand macht während der Nacht schönere Musik als du. Wir gehen nach Bremen und werden dort Stadtmusikanten. Werde in Bremen auch Musikantin!" Die Katze war mit dem Rat des Esels zufrieden und ging mit.

Bald darauf kamen die drei neuen Freunde an ein Bauernhaus. Da saß auf der Gartenmauer ein Hahn[8] und schrie und krähte so laut, wie er konnte. „Warum schreist du denn so, du alter Hahn?" fragte der Esel. „Heute ist Waschtag", antwortete der Hahn, „die Frauen des Dorfes wollen heute waschen, und darum sage ich ihnen, daß die Sonne scheinen wird. Aber weil morgen Sonntag ist und am Sonntag Gäste kommen, so hat die Frau des Hauses gesagt, daß sie mich morgen essen wollen. Heute abend soll man mir den Hals abschneiden,[9] und darum krähe ich, solange ich noch krähen kann."—„Du bist ein großer Philosoph, Rotkopf", sagte der Esel. „Aber warum willst du schon sterben? Etwas Besseres als den Tod kannst du immer finden. Geh mit uns nach Bremen! Du hast doch eine gute Stimme. Werde Stadtmusikant! Wenn wir zusammen Musik machen, freut sich die ganze Stadt." Der Hahn war mit dem Rat des Esels zufrieden, und so ging er mit.

Die Musikanten konnten aber in einem Tag nicht bis Bremen reisen, und am Abend kamen sie in einen Wald, wo sie über Nacht bleiben wollten. Der Esel und der Hund legten sich unter einen großen Baum; die Katze setzte sich auf den Ast[10] eines Baumes; der Hahn aber war mit diesem Ast nicht zufrieden, flog auf den höchsten Ast und von dort in die Spitze des Baumes, wo er alles sehen konnte. Bevor er einschlief, sah er noch einmal in die Ferne,[11] nach Norden und Süden, nach Westen und Osten. Da glaubte er, weit weg ein kleines Licht zu sehen, und er sagte zu seinen Gesellen: „Ich sehe in der Ferne ein Licht. Einige Meilen von hier muß ein Haus sein." Da sprach der Esel: „So müssen wir uns auf den Weg machen, denn in einem Haus schlafen wir besser als in diesem Wald."—„Das ist wahr", sagte der Hund; „auch finden wir dort vielleicht ein gutes Abendessen. Ich bin so hungrig, daß ich vor Hunger sterbe."

Also machten sie sich auf den Weg. Bald wurde das Licht in der Ferne heller und größer. Sie gingen weiter und standen bald

---

[8]**der Hahn** rooster. [9]**abschneiden** cut off. [10]**der Ast** branch. [11]**die Ferne** distance.

vor einem groβen Haus. In dem Haus aber wohnten Diebe. Der Esel als der gröβte der Musikanten ging an das Fenster und sah hinein. „Was siehst du, Langohr?" fragte der Hahn. „Was ich sehe?" antwortete der Esel. „Ich sehe einen Tisch mit schönem Essen und Trinken,[12] und Männer sitzen an dem Tisch und essen mit groβem Appetit."— „Das ist etwas für uns", sprach der Hahn, „das müssen wir haben."

Nun wollten die Tiere die Diebe aus dem Haus werfen und hielten Rat. Endlich wuβten sie, was zu tun war. Der Esel muβte sich mit zwei Füβen auf das Fenster stellen; der Hund sprang auf den Rücken des Esels; die Katze sprang auf den Rücken des Hundes, und der Hahn endlich flog auf den Kopf der Katze. Als das geschehen war, fingen sie auf einmal an, Musik zu machen. Der Esel schrie, der Hund bellte, die Katze miaute, und der Hahn krähte. Dann sprangen sie durch das Fenster alle zusammen ins Zimmer hinein. Die Diebe sprangen vom Tisch auf, dachten: „Das Ende der Welt ist gekommen" und liefen in den Wald hinaus. Nun setzten sich die vier Musikanten an den Tisch und aβen, was noch da war. Alle aβen so viel, als ob sie in den nächsten vier Wochen nichts mehr essen sollten.

Als sie gegessen hatten, bliesen sie die Lichter aus,[13] und jeder suchte sich eine gute Stelle zum Schlafen. Der Esel ging in den Garten und legte sich in das Gras. Der Hund fand eine gute Stelle hinter der Tür. Die Katze legte sich in die warme Asche des Ofens, und der Hahn flog auf das Dach des Hauses. Die Musikanten waren müde und schliefen sehr bald ein.

Spät in der Nacht sahen die Diebe, daβ kein Licht mehr im Haus brannte.[14] Sie hörten, daβ im Haus alles ganz still war, und der älteste der Diebe sprach: „Wir sind sehr dumm gewesen, wir sind zu schnell weggelaufen." Dann befahl er dem jüngsten von ihnen: „Geh in das Haus und sieh, ob jemand darin[15] ist."

---

[12]**mit schönem Essen und Trinken** with good things to eat and drink.
[13]**ausblasen** blow out. [14]**brennen** burn. [15]**dari'n** in it; there.

Der Dieb fand alles still. Er ging in die Küche und wollte ein Licht anzünden. Da sah er die Augen der Katze und hielt sie für brennende[16] Kohlen.[17] Er hielt ein Stückchen Holz an die Augen der Katze, damit[18] es Feuer fangen sollte. Da sprang die Katze ihm ins Gesicht. Der junge Dieb wollte zur Tür hinauslaufen, aber 5 dort lag der Hund. Dieser sprang auf und biß ihn ins Bein, und als er in den Garten kam und über das Gras lief, gab ihm der Esel einen starken Schlag mit dem Huf. Der Hahn auf dem Dach aber erwachte durch den Lärm und rief: „Kikeriki!"

Da lief der Mann so schnell, wie er konnte zu seinen Gesellen 10 zurück und sprach: „In dem Haus sitzt eine schreckliche Hexe.[19] Die Hexe sitzt am Ofen und hat mir ihre langen Hexenfinger in die Augen gesteckt. An der Tür steht ein Mann mit einem langen, scharfen Messer; der hat mich ins Bein geschnitten. Auf dem Gras im Garten liegt ein Riese,[20] der hat mich mit einem großen, 15 schweren Eisenstock geschlagen. Und auf dem Dach des Hauses, da saß der Richter und rief mit lauter Stimme: ‚Bringt mir den Dieb! Bringt mir den Dieb!' Da lief ich weg."

Von dieser Zeit an gingen die Diebe nicht in das Haus zurück. Den vier Bremer Stadtmusikanten aber gefiel es so gut darin, daß 20 sie darin lebten, bis sie starben.

EXERCISES 2

A. Antworten Sie mit **ja** oder **nein**!

1. War der Esel immer faul gewesen?
2. War der Jagdhund alt?
3. Saß die Katze am Weg und lachte?
4. Wollte man dem Hahn den Hals abschneiden?
5. Wohnten in dem Haus gute Leute?
6. Wußten die Tiere, was zu tun war?
7. Schliefen die Tiere alle im Haus?
8. Sind die Tiere nach Bremen gekommen?

---

[16]**brennend** burning. [17]**die Kohle** (piece of) coal. [18]**dami't** (*conj.*) in order that. [19]**die Hexe** witch. [20]**der Riese** giant.

B. Antworten Sie auf deutsch!

1. Warum ließ der Mann den Esel laufen?
2. Wen traf der Esel zuerst?
3. Was wollte der Herr mit seinem alten Hund tun?
4. Wie wollte man die alte Katze töten?
5. Wohin sollte die Katze mitgehen?
6. Was konnte der Hahn von seinem Ast aus sehen?
7. Was taten die Diebe, als die Tiere alle zusammen ins Zimmer sprangen?
8. Was dachte der Dieb, als er die Augen der Katze sah?
9. Wo lebten die Bremer Stadtmusikanten von dieser Zeit an?

C. In addition to the motion adverbs discussed in the exercises to the previous section, the following separable prefixes have been used so far.

ab–	ein–	vor–	wieder–
an–	mit–	weg–	zurück–
auf–	nach–	weiter–	zusammen–
aus–			

Mit– *along*, **weg–** away, **weiter–** *on* (continuing to do something), **wieder–** *again*, **zurück–** *back*, and **zusammen–** *together* are predictable in their meanings and do not usually require further explanation. The other seven are less predictable and frequently have been glossed in the footnotes. What do the following verbs mean? Use each in a sentence.

abschneiden	aussehen
ankommen	einschlafen
annehmen	einsteigen
aufgeben	nachgehen
aufstehen	vorgehen

3. HÄNSEL UND GRETEL

Vor einem großen Wald wohnte einmal ein armer Holzhacker[1] mit seiner Frau und seinen zwei Kindern. Der Junge hieß Hänsel und das Mädchen Gretel. Der Holzhacker hatte wenig Geld, und

---

[1]**hacken** chop, cut; **das Holz** (wood) + **der Hacker** (cutter) = **der Holzhacker** woodcutter.

einmal, als eine böse Zeit ins Land gekommen war, konnte der arme Mann kein Brot mehr für seine kleine Familie kaufen. Am Abend lag er im Bett, machte sich große Sorgen[2] und sprach zu seiner Frau: „Was soll aus uns werden?[3] Wie kann ich Brot bekommen? Wie können wir unseren armen Kindern zu essen geben, da wir für uns selbst nichts mehr haben?" Die Frau aber war die zweite Frau des Mannes und die Stiefmutter[4] der Kinder. „Weißt du was?" sagte sie, „wir wollen die Kinder morgen ganz früh in den Wald hinausbringen, wo er am dicksten ist. Da machen wir ein Feuer und geben jedem noch ein Stückchen Brot; dann gehen wir an unsere Arbeit[5] und lassen sie allein. Sie finden den Weg nicht wieder nach Hause."

„Nein, Frau", sagte der Mann, „das tue ich nicht; wie kann ich das machen, meine Kinder im Wald allein zu lassen? Sollen wilde Tiere kommen und sie zerreißen?"—„O du Narr", sagte die Frau, „dann müssen wir alle vier vor Hunger sterben", und sie ließ dem armen Mann keine Ruhe, bis er endlich ja sagte.

Die zwei Kinder aber hatten vor Hunger auch nicht geschlafen und alles gehört, was die Stiefmutter zum Vater gesagt hatte. Gretel weinte, denn sie war noch sehr klein. Sie sagte: „Nun sind wir verloren."—„Still, Gretel", antwortete Hänsel, „mache dir keine Sorgen, ich will uns schon[6] helfen." Und als die Eltern eingeschlafen waren, stand er auf, zog seine Kleider an, machte die Tür auf und ging leise hinaus. Da schien der Mond[7] hell am Himmel, und die weißen Steinchen vor dem Haus lagen weiß und hell im Mondlicht. Hänsel steckte seine Taschen voll von den weißen Steinchen, ging wieder ins Haus und sprach zu Gretel: „Fürchte dich nicht, liebes Schwesterchen, und schlaf nur ein, denn Gott wird uns helfen." Dann legte er sich wieder ins Bett.

Als der Tag kam, noch bevor die Sonne am Himmel stand, kam schon die Stiefmutter und weckte die beiden Kinder: „Steht auf", sagte sie, „wir wollen in den Wald gehen und Holz holen." Dann gab sie jedem ein Stückchen Brot und sprach: „Da habt ihr etwas für den Mittag, aber eßt es nicht vor Mittag, denn das ist alles, was ihr bekommt." Gretel steckte beide Stückchen Brot in ihre Tasche, weil Hänsel die Steine in der Tasche hatte. Darauf

---

[2]**sich große Sorgen machen** worry a lot. [3]**was soll aus uns werden?** what is to (will) become of us? [4]**die Stiefmutter** stepmother. [5]**an die Arbeit gehen** go to work. [6]**schon** *here* all right, never fear. [7]**der Mond** moon.

machten sie sich alle zusammen auf den Weg zum Wald. Als sie einige Zeit gegangen waren, blieb Hänsel stehen und sah zum Haus zurück, und er tat das immer wieder. Der Vater sprach: „Hänsel, was siehst du da, und warum bleibst du zurück? Komm und mach schnell."[8]—„Ach, Vater", sagte Hänsel, „ich sehe da mein weißes Kätzchen; das sitzt auf dem Dach und will mir auf Wiedersehen sagen." Die Frau sprach: „Narr, das ist nicht dein weißes Kätzchen, das ist die Morgensonne; die Morgensonne scheint auf das Dach." Hänsel aber hatte nicht zu dem Kätzchen gesehen, sondern er hatte die weißen Steinchen aus seiner Tasche auf den Weg geworfen.

Als sie in den Wald gekommen waren, sprach der Vater: „Nun sucht Holz, ihr Kinder; ich will ein Feuer machen, damit ihr nicht friert." Hänsel und Gretel fanden viel kleines Holz und legten es zusammen, bis es ein kleiner Berg[9] war. Der Vater zündete das Holz an, und als das Feuer gut brannte und die Flammen[10] hoch in die Luft schlugen,[11] sagte die Frau: „Nun legt euch ans Feuer, ihr Kinder, wir gehen in den Wald und hacken Holz. Wenn wir fertig sind, kommen wir zurück und holen euch."

Hänsel und Gretel saßen am Feuer, und als der Mittag kam, aß jedes sein Stückchen Brot. Und weil sie die Schläge der Axt[12] hörten, so dachten sie: „Das ist die Axt des Vaters. Bald holt uns der Vater." Es war aber nicht die Axt, es war ein Ast. Die Stiefmutter hatte ihn an einen Baum gebunden, und der Wind schlug ihn hin und her. Und als die Kinder gegessen hatten, waren sie müde und schliefen ein.

Als sie endlich erwachten, war es schon dunkle Nacht. Gretel fing an zu weinen und sprach: „Wie sollen wir nun aus dem Wald kommen?" Hänsel aber sagte: „Warte nur, bis der Mond scheint, dann werden wir den Weg schon[13] finden." Und als der volle Mond aufgegangen war und am Himmel stand, nahm Hänsel sein Schwesterchen an der Hand und folgte den weißen Steinchen auf dem Weg. Sie gingen die ganze Nacht und kamen endlich früh am Morgen wieder zum Haus ihres Vaters. Die Stiefmutter machte die Tür auf, und als sie sah, daß Hänsel und Gretel da waren, sprach sie: „Ihr bösen Kinder, warum habt ihr so lange im Wald geschlafen? Wir haben geglaubt, ihr wolltet gar nicht

---

[8]**schnell machen** hurry up. [9]**der Berg** *here* heap, pile. [10]**die Flamme** flame. [11]**schlugen** *here* leaped. [12]**die Axt** ax. [13]**schon** *here* surely.

wiederkommen." Der Vater aber freute sich, denn er hatte sich große Sorgen gemacht, daß er sie so allein im Wald gelassen hatte.

Nicht lange darauf war wieder kein Brot mehr im Haus, und die Kinder hörten, wie die Mutter in der Nacht zum Vater sprach: „Alles ist wieder aufgegessen, wir haben nur noch ein halbes Brot, und dann ist alles zu Ende. Die Kinder müssen weg,[14] wir wollen sie tiefer in den Wald bringen, damit sie nicht wieder nach Hause kommen können." Der Mann sagte: „Es ist besser, daß wir das letzte Stückchen Brot mit unseren Kindern teilen." Aber die Frau hörte auf[15] nichts, was er sagte, und machte ein böses Gesicht. „Wer A sagt, muß auch B sagen",[16] sprach die Frau, und da der Mann das erste Mal ja gesagt hatte, so mußte er es auch das zweite Mal.

Die Kinder aber schliefen noch nicht und hatten die Worte der Eltern gehört. Als die Eltern schliefen, stand Hänsel wieder auf und wollte hinaus, um Steine zu suchen, wie das letzte Mal; aber die Frau hatte die Tür fest zugemacht[17] und Hänsel konnte nicht hinaus. Da sprach er zu seinem Schwesterchen: „Gretel, mach dir keine Sorgen, und schlaf nur; der liebe Gott wird uns schon helfen."[18]

Am frühen Morgen kam die Stiefmutter und holte die Kinder aus dem Bett. Sie bekamen ihr Stückchen Brot, aber noch kleinere Stückchen als das letzte Mal. Auf dem Weg zum Wald blieb Hänsel oft stehen, nahm ein Stückchen Brot aus der Tasche und warf es auf die Erde. „Hänsel, warum bleibst du stehen und folgst uns nicht?" fragte der Vater. „Was siehst du da, und warum bleibst du zurück? Mach schnell."—„Ich will mein Häschen sehen; das sitzt auf dem Feld und will mir auf Wiedersehen sagen", antwortete Hänsel. „Narr", sagte die Stiefmutter, „das ist nicht dein Häschen, das ist die Morgensonne; die Morgensonne scheint auf das Feld." Hänsel aber nahm ein Stückchen Brot nach dem anderen aus der Tasche und warf es auf den Weg.

Die Frau brachte die Kinder noch tiefer in den Wald, wo sie in ihrem ganzen Leben noch nicht gewesen waren. Der Vater machte wieder ein großes Feuer, und die Mutter sagte: „Bleibt

---

[14]**weg: weggehen, aus dem Haus gehen.** [15]**hören auf** listen to, obey. [16]**wer A sagt, muß auch B sagen** in for a penny, in for a pound. [17]**zumachen** close. [18]**er wird uns schon helfen** he will surely help us.

hier, ihr Kinder, und wenn ihr müde seid, könnt ihr ein wenig schlafen. Wir gehen in den Wald und hacken Holz, und am Abend, wenn wir fertig sind, kommen wir und holen euch." Als es Mittag war, teilte Gretel ihr Brot mit Hänsel, denn Hänsel hatte sein Stück auf den Weg geworfen. Dann schliefen sie ein, und der Abend verging, und die Nacht kam, aber niemand sorgte für die armen Kinder. Sie erwachten endlich in der dunklen Nacht, und Hänsel sprach zu seinem Schwesterchen: „Warte nur, Gretel, bis der Mond auf den Wald scheint, dann werden wir die Brotstückchen auf der Erde sehen; die zeigen uns den Weg nach Hause."

Als der Mond endlich schien, machten sie sich auf den Weg, aber sie fanden keine Brotstückchen mehr, denn die Vögel im Wald hatten sie gefressen. Hänsel sagte zu Gretel: „Wir werden den Weg schon finden." Aber sie fanden ihn nicht. Sie gingen die ganze Nacht und noch einen Tag vom frühen Morgen bis zum späten Abend, aber sie kamen aus dem Wald nicht heraus.[19] Auch waren sie sehr hungrig, denn sie hatten lange nichts gegessen. Und da sie so müde waren, daß die Beine sie nicht mehr tragen wollten, so legten sie sich unter einen Baum und schliefen ein.

Nun war es schon der dritte Morgen, daß sie aus dem Haus ihres Vaters gegangen waren. Sie fingen wieder an zu gehen, aber sie kamen immer tiefer in den Wald, und wenn nicht bald etwas geschah, so waren sie verloren und mußten vor Hunger sterben. Als es Mittag war, sahen sie ein schönes, schneeweißes Vögelchen auf einem Ast sitzen. Das sang so schön, daß sie stehenblieben, ganz still standen und zuhörten. Und als es fertig war, hob es seine Flügel und flog vor ihnen durch den Wald, und sie folgten dem kleinen Vogel, bis er an ein Häuschen kam und sich auf das Dach setzte. Und als sie näher kamen, sahen sie, daß das Häuschen aus Brot und Kuchen war; aber die Fenster waren aus hellem Zucker.

„Das soll uns gut schmecken", sprach Hänsel, „Hunger und Appetit haben wir mehr als wir brauchen. Ich will ein Stück vom Dach essen; du, Gretel, kannst vom Fenster essen, denn das ist aus Zucker und schmeckt süß." Hänsel brach ein Stückchen vom Dach ab,[20] um zu sehen, wie es ihm schmeckte, und Gretel stellte

---

[19] **herau'skommen** come out, get out.

sich ans Fenster und nahm ein wenig von dem süßen Zucker. Da rief auf einmal eine Stimme aus dem Zimmer heraus:

„Wer ißt von meinem Häuschen?"

Die Kinder antworteten:

„Der Wind, der Wind, 5
Das himmlische Kind",

und sie aßen weiter. Hänsel schmeckte das Dach sehr gut; er nahm sich ein großes Stück davon,[21] und Gretel schmeckte das kleine, runde Fensterchen auch sehr gut. Da öffnete sich[22] auf einmal die Tür, und eine sehr alte Frau kam langsam heraus. Sie ging 10 an einem langen Stock. Hänsel und Gretel fürchteten sich sehr und ließen alles fallen, was sie in den Händen hielten. Die Alte aber sprach: „Ihr lieben Kinder, wie kommt ihr an mein Häuschen? Wer hat euch gebracht? Kommt nur ins Haus. Nichts Böses soll euch geschehen." Sie faßte beide an der Hand und nahm sie 15 in ihr Häuschen. Dann setzte sie gutes Essen auf den Tisch: Milch, Brot, Kuchen, Äpfel und viele andere gute Dinge. Später legte die Alte zwei weiße Decken[23] auf zwei Betten, und Hänsel und Gretel gingen zu Bett und dachten: „Nun sind wir im Himmel."

Die alte Frau war aber keine gute Frau. Sie war eine böse 20 Hexe; sie nahm den Eltern ihre kleinen Kinder weg und brauchte[24] ihr Brothäuschen nur, um Kinder zu fangen. Wenn sie eins fing, so tötete sie es, kochte und aß es, und das war ein Festessen für sie. Die Hexen haben rote Augen und können nicht weit sehen; aber sie haben eine gute Nase und können so gut 25 riechen wie die Tiere und wissen, wenn Menschen nahe sind. Als Hänsel und Gretel näher kamen, da lachte sie böse und sprach: „Die habe ich, die sind mein, die sollen nicht wieder entkommen."

Früh am Morgen, bevor die Kinder erwacht waren, stand sie schon auf, und als sie beide schlafen sah, freute sie sich sehr und 30 sagte zu sich: „Das wird ein gutes Essen werden." Dann faßte sie Hänsel mit ihrer schrecklichen Hexenhand, trug ihn in einen kleinen Stall und machte die Tür zu. Hänsel schrie so laut wie er konnte, aber es half ihm nichts.[25] Er konnte die Stalltür nicht

35

---

[20]**abbrechen** break off. [21]**davo'n** of it. [22]**sich öffnen** open. [23]**die Decke** *here* cover. [24]**brauchen** *here* use. [25]**es half ihm nichts** it did not do him any good.

öffnen. Dann ging sie zu Gretel, weckte sie und rief: „Steh auf, hol Wasser und koch deinem Bruder etwas Gutes. Er sitzt im Stall und soll fett werden. Wenn er fett ist, so will ich ihn kochen und essen." Gretel fing an zu weinen, aber es half ihr nichts, und sie
5 mußte tun, was die Hexe wollte.

Nun kochten Gretel und die Hexe für Hänsel das beste Essen, aber Gretel bekam nichts als Brot. Jeden Morgen ging die Hexe zu dem Ställchen und rief: „Hänsel, steck einen Finger aus der Tür, damit ich fühle, ob du bald fett bist." Hänsel aber steckte
10 keinen Finger aus der Tür, sondern ein dünnes Stöckchen, und die Alte konnte es nicht sehen, weil sie schlechte Augen hatte. Und sie war erstaunt, weil Hänsel gar nicht fett werden wollte. Nach vier Wochen war Hänsel noch immer nicht fetter, aber die Hexe wollte nicht länger warten. „Gretel", rief sie, „hol schnell
15 Wasser; ob Hänsel fett ist oder nicht, ich will ihn kochen und essen." Oh, wie weinte das arme Schwesterchen, als es das Wasser tragen mußte. „Lieber Gott, hilf uns doch!" rief sie. „Lieber sollen die wilden Tiere im Wald uns fressen, denn dann sterben wir zusammen."—„Schweig still!" rief die Hexe, „kein Wort mehr,[26]
20 es hilft dir nichts."

Früh am Morgen mußte Gretel aufstehen, Feuer machen und Wasser über das Feuer hängen. „Zuerst wollen wir backen", sagte die Hexe, „der Backofen[27] ist schon heiß." Dann stieß sie die arme Gretel zum Backofen. Große Feuerflammen schlugen her-
25 aus.[28] „Geh hinein", sagte die Hexe, „und sieh, ob es warm genug darin ist, damit wir das Brot hineinstellen können." Und wenn Gretel im Ofen war, wollte sie ihn zumachen, und Gretel sollte darin braten, und dann wollte sie das arme Kind auch essen. Aber Gretel wußte, was die Hexe wollte, und sprach: „Ich weiß nicht,
30 wie ich das machen soll;[29] wie komme ich in den Backofen hinein?"—„Dummes Kind", sagte die Alte, „die Tür ist groß genug, siehst du, ich kann selbst hinein." Dann steckte sie den Kopf in den Backofen. Da kam Gretel und gab ihr einen Stoß, daß sie in den Ofen hineinfiel. Dann machte Gretel die Ofentür ganz fest
35 zu. Die Hexe fing an, schrecklich zu rufen und zu schreien, aber Gretel lief weg, und die böse Hexe mußte verbrennen.[30]

---

[26]**kein Wort mehr** not another word. [27]**der Backofen** baking oven; **backen + der Ofen = der Backofen.** [28]**herau'sschlagen** leap out. [29]**wie ich das tun soll.** [30]**verbrennen** burn up.

Gretel aber lief sofort zu Hänsel, öffnete sein Ställchen und rief: „Hänsel, wir sind frei, ganz frei, die alte Hexe ist tot!" Da sprang Hänsel heraus, wie ein Vogel aus dem Käfig, wenn man die Tür öffnet. Die Kinder freuten sich, fielen sich um den Hals,[31] küßten[32] sich und waren ganz glücklich. Sie fürchteten sich nicht mehr vor der alten Hexe und gingen in das Haus hinein. Da standen in allen Ecken und an allen Wänden große Säcke mit Goldstücken. „Die sind noch besser als kleine, weiße Steinchen", sagte Hänsel und steckte in seine Taschen, was er hineinstecken konnte. Gretel sagte: „Ich will auch etwas nach Hause bringen", und auch sie steckte in ihre Taschen, was hineingehen wollte. „Aber jetzt wollen wir gehen", sagte Hänsel, „damit wir endlich aus dem Hexenwald herauskommen."

Als sie aber einige Stunden gegangen waren, kamen sie an einen großen Fluß. „Wir können nicht über den Fluß", sprach Hänsel.—„Nein", antwortete Gretel, „hier fährt kein Schiffchen, und ich sehe kein Boot; aber da schwimmt eine weiße Ente; wenn ich sie bitte, trägt sie uns hinüber an die andere Seite." Da rief sie die Ente, und sie kam, und Hänsel setzte sich auf ihren Rücken und bat Gretel, auch zu kommen. „Nein", antwortete Gretel, „wir sind zu schwer, sie soll zuerst dich und dann mich tragen." Das tat die gute Ente, und als sie glücklich an der anderen Seite waren und eine kurze Zeit weitergingen, da wußten sie langsam, wo sie

[31]**um den Hals fallen** hug. [32]**küssen** kiss.

waren, und endlich sahen sie das Haus ihres Vaters. Sie fingen an zu laufen, sprangen ins Zimmer hinein und fielen ihrem Vater um den Hals. Der arme Mann hatte keine frohe Stunde gehabt, seit die Kinder weg waren. Die Stiefmutter war gestorben. Gretel
5 warf einige Goldstücke aus ihren Taschen, und Hänsel warf eine Handvoll nach der anderen auf den Tisch. Da hatten auf einmal alle Sorgen ein Ende, und sie lebten glücklich und zufrieden. Und wenn sie nicht gestorben sind, dann leben sie heute noch.

EXERCISES 3

A. Antworten Sie mit **ja** oder **nein**!

1. Hatte der Holzhacker viel zu essen?
2. Kamen die Eltern zu ihren Kindern im Wald zurück?
3. Fanden die Kinder beide Male den Weg zurück nach Hause?
4. Hatte die alte Hexe Kinder gern?
5. Steckte Gretel ihren Kopf in den Backofen hinein?
6. Trug die Ente beide zusammen zur anderen Seite des Flusses?
7. Lebte die Stiefmutter noch, als die Kinder nach Hause kamen?

B. Antworten Sie auf deutsch!

1. Was wollte die Stiefmutter mit den Kindern machen?
2. Was warf Hänsel auf den Weg, als sie das erste Mal in den Wald gingen?
3. Wie fanden die Kinder den Weg nach Hause zurück?
4. Warum teilte Gretel ihr Brot mit Hänsel?
5. Wie lange folgten die Kinder dem kleinen Vogel?
6. Wer wohnte in dem Brothäuschen?
7. Wohin trug die Hexe den armen Hänsel?
8. Was wollte die Hexe mit Hänsel tun?
9. Was machte Gretel mit der Hexe?
10. Was fanden die Kinder im Haus der Hexe?
11. Wie kamen die Kinder über den Fluß?
12. Warum waren Hänsel und Gretel am Ende des Märchens glücklich?

C. As you know, nouns and verbs are treated as single vocabulary items in this book when they are so similar that one can be easily recognized from the other. Remember that all infinitives (with the exception of **sein** and **tun**) end in **–en, –ern,** or **–eln**. Therefore, nouns ending in **–e, –er,** or **–el** add **–n** to form the infinitive, those ending in **–en** usually remain the same (but note that the masculine noun **Regen** changes **–en** to **–nen**), and nouns ending in other consonants add **–en**.

Give the infinitive that is related to each of the following nouns.

der Anfang	die Feier	der Schlag
die Antwort	der Fisch	der Schrei
die Arbeit	die Frage	das Spiel
das Bad	das Leben	die Sorge
der Befehl	die Lehre	die Stelle
der Beginn	der Regen	der Stoß
der Besuch	die Reise	der Streit
das Ende	der Schlaf	der Teil
das Essen		

Review the exercises accompanying Sections 6–8, 16, and 18–21 in Part Two where verbal nouns (equivalent to English gerunds) and agent nouns in **–er** / **–erin** are discussed.

4. DORNRÖSCHEN[1]

Vor vielen Jahren lebten ein König und eine Königin, die wünschten sich ein Kind, aber sie bekamen keins. Da geschah es, als die Königin einmal im Bad saß, daß ein Frosch aus dem Wasser ans Land kam und zu ihr sprach: „Bevor ein Jahr vergeht, wirst du ein Kind bekommen, eine kleine Tochter." 5

Was der Frosch gesagt hatte, das geschah, und die Königin bekam ein Kind; das war so schön, daß der König vor Freude[2] nicht wußte, was er tun sollte, und ein großes Fest feierte. Er ließ nicht nur seine Familie und Freunde kommen, sondern auch die klügsten Frauen des Landes. Dreizehn solche Frauen waren in 10 seinem Land; weil er aber nur zwölf Teller aus Gold hatte, so mußte eine von ihnen zu Hause bleiben.

Das Fest war wunderbar, und als es zu Ende war, wünschten die Frauen dem Kind alles Gute und Schöne, viel Freude und Glück. Als die elfte Frau dem Kind Glück gewünscht hatte, kam 15

[1]**der Dorn** thorn, briar; **das Dornrö'schen** little briar rose, Sleeping Beauty.
[2]**vor Freude** out of joy; so overjoyed that.

auf einmal die dreizehnte ins Zimmer und rief mit lauter Stimme: „Die Königstochter soll sich in ihrem fünfzehnten Jahr an einer Spindel[3] stechen[4] und tot zur Erde fallen." Und ohne weiter ein Wort zu sprechen, ging sie hinaus. Da kam die zwölfte Frau vor dem König, denn sie hatte ihren Wunsch noch nicht getan. Sie wollte mit ihrem Wunsch dem Kind helfen und sagte: „Es soll aber kein Tod sein, sondern nur ein langer, tiefer Schlaf."

Der König wollte sein liebes Kind glücklich machen und befahl darum, alle Spindeln im ganzen Land zu verbrennen.

An dem Tag, an dem[5] das Mädchen gerade fünfzehn Jahre alt war, waren der König und die Königin nicht zu Hause, und so blieb die Königstochter ganz allein im Schloß. Da ging sie durch alle Zimmer und kam endlich an einen alten Turm. Sie stieg hinauf und kam an eine kleine Tür. Als sie die Tür öffnete, saß da in einem kleinen Zimmer eine alte Frau mit einer Spindel und spann.[6] „Guten Tag, du altes Mütterchen", sprach die Königstochter, „was machst du da?"—„Ich spinne", sagte die Alte. „Was für ein Ding ist das?" fragte das Mädchen, nahm die Spindel, wollte auch spinnen und stach sich in den Finger.

---

[3]**die Spindel** spindle. [4]**stechen** stick; prick. [5]**an dem** on which, when. [6]**spinnen** spin.

In dem Augenblick aber, als sie sich mit der Spindel gestochen hatte, fiel sie auf das Bett der alten Frau und lag in einem tiefen Schlaf. Und bald schlief das ganze Schloß. Der König und die Königin waren gerade nach Hause gekommen; sie schliefen ein und alle ihre Diener und Dienerinnen mit ihnen. Nach kurzer 5 Zeit schliefen auch die Hunde, die Vögel auf dem Dach, die Fliegen[7] an der Wand. Auch das Feuer im Ofen wurde still und schlief ein. Und das Fleisch kochte nicht mehr, und alle Leute in der Küche schliefen ein. Auch der Wind legte sich, und auf den Bäumen vor dem Schloß wurde alles still. 10

Um das Schloß aber begann eine Dornenhecke[8] zu wachsen;[9] sie wuchs jedes Jahr höher und wuchs so hoch, daß gar nichts mehr von dem Schloß zu sehen war, nicht einmal das Dach. Die Leute im Land erzählten aber von dem schönen, schlafenden[10] Dornröschen, denn so nannte man die Königstochter, so daß von 15 Zeit zu Zeit Königssöhne kamen und durch die Dornenhecke in das Schloß reiten wollten. Aber niemand konnte es. Die Dornen hielten fest zusammen, und die Mutigsten blieben in den Dornen hängen,[11] konnten nicht zurück und mußten sterben.

Nach langen, langen Jahren kam wieder einmal ein Königs- 20 sohn in das Land und hörte, wie ein alter Mann von der Dornenhecke erzählte. „Ein Schloß soll hinter der Hecke stehen", sagte der alte Mann, „und eine schöne Königstochter, Dornröschen genannt, soll[12] seit hundert Jahren dort schlafen, und mit ihr schlafen der König und die Königin und alle ihre Diener. 25 Schon viele Königssöhne sind gekommen und haben versucht,

[7]**die Fliege** fly. [8]**der Dorn** (thorn) + **die Hecke** (hedge) = **die Dornenhecke** hedge of thorns. [9]**wachsen** grow. [10]**schlafend** sleeping. [11]**hängenbleiben** get stuck. [12]**soll** is said to.

durch die Dornenhecke zu reiten, aber sie blieben in den Dornen hängen und starben." Da sprach der Prinz: „Ich fürchte mich nicht; ich will hinaus[13] und das schöne Dornröschen sehen." Der gute Mann warnte ihn, aber der Prinz hörte nicht auf seine Worte.

Nun waren aber gerade hundert Jahre vergangen, und der Tag war gekommen, an dem Dornröschen wieder erwachen sollte. Als der Königssohn an die Dornenhecke kam, waren dort viele schöne, große Blumen, die teilten sich und ließen ihn durch die Hecke reiten; hinter ihm aber wuchsen sie wieder zu einer Hecke zusammen.

Vor dem Schloß sah er die Pferde und Hunde liegen und schlafen. Auf dem Dach saßen die Vögel und hatten das Köpfchen unter den Flügel gesteckt. Und als er ins Haus kam, schliefen die Fliegen an der Wand. Dann ging er weiter und sah den König, die Königin und alle Diener schlafen, und alles war ganz still. Endlich kam er zum Turm und öffnete die Tür zu dem kleinen Zimmer, wo Dornröschen schlief.

Da lag sie und war so schön, daß er sie immer ansehen mußte. Und er sah sie lange an, und endlich küßte er sie. Dornröschen erwachte und sah den Prinzen freundlich an. Darauf gingen sie zusammen hinab, und der König erwachte, und die Königin und alle Diener und Dienerinnen erwachten und sahen einander mit großen Augen an. Die Pferde standen auf, die Jagdhunde bellten, die Vögel auf dem Dach und die Fliegen an den Wänden begannen wieder zu fliegen, das Feuer in der Küche brannte wieder und kochte das Essen, das Fleisch fing wieder an zu braten. Und dann feierte der König ein wunderbares Fest. Der Königssohn und Dornröschen wurden Mann und Frau und lebten glücklich bis an ihr Ende.

[13] ich will hinau'sgehen, hinau'sreiten.

EXERCISES 4

A. Antworten Sie mit **ja** oder **nein**!

1. Feierte der König vor Freude ein Fest?
2. Hatte der König dreizehn Teller aus Gold?
3. Traf die Königstochter eine alte Frau im Turmzimmer?
4. Fiel nur die Königstochter in einen tiefen Schlaf?
5. Ritten viele Königssöhne durch die Dornenhecke des Schlosses?

B. Antworten Sie auf deutsch!

1. Was sagte der Frosch zu der Königin?
2. Wen ließ der König zu dem Fest kommen?
3. Was rief die dreizehnte Frau mit lauter Stimme?
4. Was für einen Wunsch hatte die zwölfte Frau?
5. An welchem Tag blieb die Königstochter allein im Schloß?
6. Was geschah, als die Königstochter sich mit der Spindel stach?
7. Was wuchs um das Schloß?
8. Wie nannten die Leute die Königstochter?
9. Was geschah, als der Königssohn Dornröschen küßte?
10. Wie lange hatte Dornröschen geschlafen?

C. One of the abilities that we acquire when we learn a language is the ability to recognize antonyms, pairs of words that are in some sense opposites. Link the words in the left column on the next page with their antonyms in the right column, and you will demonstrate that you are beginning to get a better grasp of basic German vocabulary. Three of the words in the left column on the next page; **alt, falsch,** and **hier,** have additional antonyms that you have learned. What are they?

alt	her
abstrakt	schnell
allein	Onkel
alles	gehen
billig	rechts
dunkel	nehmen
falsch	zuletzt
finden	verkaufen
fleißig	stehen
für	schlecht
geben	jung
gestern	selten
gut	teuer
hart	leise
hier	wahr
hin	verlieren
immer	schwarz
kalt	Süden
kaufen	konkret
klein	unten
kommen	viel
kühl	ohne
lang	faul
langsam	arm
laut	Nacht
leer	schwach
links	unter
mit	kurz
Norden	morgen
oben	zusammen
oft	nichts
reich	groß
sitzen	warm
stark	nie
Tag	dort
Tante	hell
über	voll
weiß	heiß
wenig	gegen
zuerst	weich

IDIOMS USED IN THE TEXT

es war einmal once upon a time there was. (1.1)
sorgen für care (provide) for. (1.2)
sein . . . zu + *infinitive* is to be (can be) + *past participle*. (1.13)
sich große Sorgen machen worry a lot. (3.2)
an die Arbeit gehen go to work. (3.5)
schnell machen hurry up. (3.8)
hören auf listen to, obey. (3.15)
es half ihm nichts it did not do him any good. (3.25)
um den Hals fallen hug. (3.31)
vor Freude out of joy; so overjoyed that. (4.2)

VOCABULARY

(List A)

die Axt
bevor
der Dorn
das Fest
die Flamme
küssen
der Minister
der Musikant
der Ofen
spinnen

(List B)

das Amt
anziehen
anzünden
der Ast
ausblasen
ausziehen
brennen
damit
die Feier; feiern
die Ferne
die Fliege
hacken
der Hahn
hängenbleiben
die Hecke
die Hexe
himmlisch
die Kohle
krähen
der Mond
das Muster
der Riese
schrecklich
die Seide
die Spindel
stechen
die Stiefmutter
der Stoff
taugen
verbrennen
wachsen
weben; der Weber
der Webstuhl
zuhören
zumachen

Part Six

Ohne Gepäck

Ohne Gepäck[1]

Doris Dörrie

Doris Dörrie is better known to the American public as director of the hit film **Männer** (Men) *than as a writer.* **Männer** *first appeared as one of four stories in her 1987 collection* **Liebe, Schmerz und das ganze verdammte Zeug** (Love, Pain and the Whole Damned Business). Ohne Gepäck *is one of fifteen stories in* **Was wollen Sie von mir?** *from 1989. The story is given here in its entirety, unchanged in any way. Ms. Dörrie attended college in the United States and has lived here for extended periods of time. This story is typical of her sensitive portrayal of the problems young adults face in the contemporary world, especially those who grew up in postwar Germany.*

Since no editorial changes have been made in this text, we have marked words that are glossed but occur only once with an asterisk (*) and have not included them in the list of the forty new words to be learned in Part Six.

Ich war froh, ein Abteil[2] für mich allein ergattert[3] zu haben. Als erstes zog ich die Vorhänge[4] vor, um andere davon abzuhalten,[5] hereinzukommen. Als der Zug sich endlich in Bewegung[6] setzte, war ich immer noch allein. Ich zog die Schuhe aus und legte mich
5 hin. Die acht Stunden bis nach Hamburg wollte ich durchschlafen. Vom Flughafen[7] aus[8] wollte ich meine Eltern anrufen[9] und ihnen sagen, ich hätte[10] meinen Anschlußflug[11] nach Hannover verpaßt[12] und würde[13] in München übernachten.[14] Ich hatte kein deutsches Kleingeld,[15] und so würden sie jetzt also in Hannover
10 am Flughafen vergeblich[16] auf ihren Sohn warten. Ich hatte nicht

[1]**das Gepäck** luggage. [2]**das Abteil** compartment. [3]**ergattern*** get hold of. [4]**der Vorhang** curtain; **die Vorhänge vorziehen** close the curtains. [5]**abhalten*** prevent. [6]**die Bewegung** motion; **sich in Bewegung setzen** start moving. [7]**der Flughafen** airport. [8]**von . . . aus** from. [9]**anrufen** call (*on the telephone*). [10]**hätte** had (*subjunctive*). [11]**der Anschlußflug*** connecting flight. [12]**verpassen*** miss. [13]**würde** would (*subjunctive*). [14]**überna'chten*** spend the night. [15]**das Kleingeld*** change (*money*). [16]**vergeblich*** in vain.

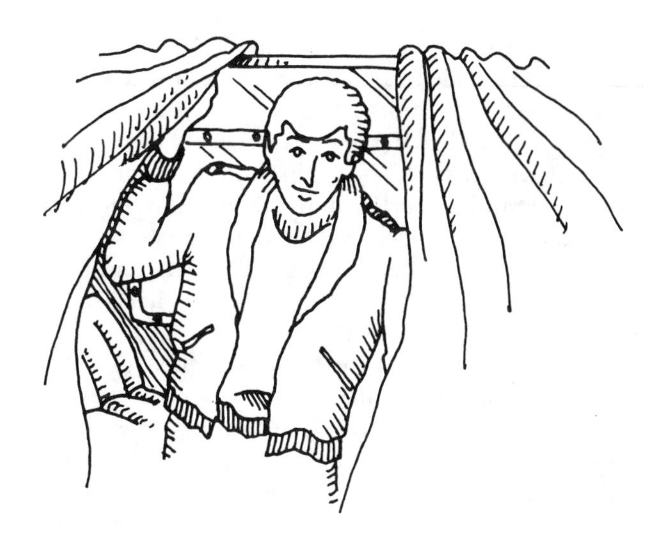

die geringste[17] Lust,[18] sie wiederzusehen,[19] selbst nach zwei Jahren in Amerika nicht. Ich hatte überhaupt[20] keine Lust, wieder hierzusein. Ich wollte als ersten deutschen Menschen Marita in Hamburg sehen. Die war nicht so unerträglich[21] deutsch, oder war es wenigstens[22] damals[23] nicht gewesen. In den zwei Jahren hatte ich gelernt, wie ein Amerikaner zu reagieren.[24] Als sich der Kapitän[25] der Lufthansamaschine[26] über Mikrophon meldete,[27] fühlte ich mich an die Nazi-Schweinehunde[28] in amerikanischen Fernsehserien erinnert[29] und an sonst[30] gar nichts.

Nein, ich hatte nicht zurückgewollt.[31]

In Augsburg riß eine Frau die Abteiltür auf[32] und setzte sich wortlos[33] hin. Sie fragte weder, ob noch ein Platz frei sei,[34] noch sagte sie Guten Tag. Ich drehte[35] mich mürrisch[36] auf die andere

---

[17]**gering*** slight. [18]**die Lust** desire. [19]**Ich . . .** I did not have the slightest desire to see them again. [20]**überhau'pt** at all. [21]**unerträglich*** unbearably. [22]**wenigstens*** at least. [23]**damals** at that time, then. [24]**reagieren*** react. [25]**der Kapitän*** captain. [26]**die Lufthansamaschine*** Lufthansa plane. [27]**melden*** announce. [28]**der Schweinehund*** (*the combination of pig and dog is used as a swear word in German*). [29]**erinnern an** remind of. [30]**sonst*** otherwise. [31]**zurückgewollt = zurückkommen wollen.** [32]**aufreißen*** pull open. [33]**wortlos** without saying a word: **–los** *often corresponds to English* –less. [34]**sei** were (*subjunctive*). [35]**drehen** turn. [36]**mürrisch*** sullenly.

Seite und konnte nicht mehr einschlafen. Ich fühlte mich beobachtet.[37] Ich setzte mich auf. Sie war vielleicht Anfang dreißig,[38] füllig,[39] mit einem recht hübschen,[40] klaren Gesicht. Ihre Augen waren leicht geschwollen.[41] Sie trug lange, silberne[42] Ohrringe, die leicht im Rhythmus des Zuges hin- und herschaukelten.[43] Ich sah kein Gepäck und war erleichtert.[44] Sie konnte nicht weit fahren. Ihre Handtasche[45] hielt sie umklammert,[46] als[47] habe sie Angst,[48] ich wolle sie ihr entreißen.[49] Als sich unsere Blicke[50] zufällig[51] trafen, sah sie schnell weg. Ich sah kleine Schweißperlen[52] auf ihrer Stirn.[53]

„Kann ich vielleicht das Fenster etwas öffnen", fragte sie mit leiser, aber bestimmter[54] Stimme.

Wenn ich jetzt antworte, erzählt sie mir ihr Leben, dachte ich. „I'm sorry, I don't speak German."

Sie wiederholte[55] ihre Frage. „Se window. Can I open?"

Ich nickte.[56] Sie hielt den Kopf aus dem Fenster. Ihre Haare flatterten.[57] Mir wurde kühl.[58] Ich zog meine Jacke[59] über. Sie schloß[60] das Fenster und setzte sich wieder hin.

Ich wollte schon meine Zeitungen[61] auspacken,[62] da fiel mir ein,[63] daß ich nur deutsche dabeihatte.[64] Ich ging nach draußen,[65] um zu sehen, ob ich ein anderes leeres Abteil finden würde. Aber selbst in der ersten Klasse waren alle belegt.[66] Als ich zurückkam, tupfte[67] sie sich mit einem Taschentuch[68] die Augen. Die Sonne ging unter.

Ein Mann in einer orangen Jacke kam mit einem Wagen vorbei[69] und verkaufte Brote und Getränke.[70]

„One coffee, white, and a salami sandwich", sagte ich zu ihm. Er sah mich verständnislos[71] an. „Einen Kaffee und ein Salami-

---

[37]**beobachten*** observe. [38]**Anfang dreißig** in (her) early thirties. [39]**füllig*** chubby. [40]**hübsch*** pretty. [41]**geschwollen*** swollen. [42]**silbern** silver (*as adjective*). [43]**schaukeln*** rock. [44]**erleichtert*** relieved. [45]**die Handtasche** handbag. [46]**umkla'mmern** clutch. [47]**als = als ob.** [48]**die Angst** fear: **Angst haben** be afraid. [49]**entreißen*** snatch away. [50]**der Blick*** glance. [51]**zufällig*** accidentally. [52]**die Schweißperle*** bead of sweat. [53]**die Stirn*** forehead. [54]**bestimmt*** sure, distinct. [55]**wiederho'len*** repeat. [56]**nicken*** nod. [57]**flattern*** flutter. [58]**mir wurde kühl** I was getting chilly. [59]**die Jacke** jacket. [60]**schließen*** close. [61]**die Zeitung*** newspaper. [62]**auspacken*** take out, unpack. [63]**einfallen*** occur (*to someone*). [64]**dabei* = mit.** [65]**draußen** outside: **nach draußen** outside (*with a verb of motion*). [66]**belegen*** occupy (*a seat*). [67]**tupfen*** dab. [68]**das Taschentuch*** handkerchief. [69]**vorbei'** by. [70]**das Getränk*** drink. [71]**verständnislos*** uncomprehendingly.

brot",[72] übersetzte[73] sie für mich. „Was er mit weiß meint,[74] weiß ich auch nicht."

„With milk", sagte ich. Sie lächelte mich kurz an.[75] Danach war ich nicht sicher,[76] ob sie überhaupt gelächelt hatte, denn es war sofort wieder vorbei,[77] als hätte sie einen Vorhang zugezogen.[78] Sie starrte[79] ausdruckslos[80] aus dem Fenster. Ich drehte das Licht im Abteil an. „Sis is better", sagte sie, drehte es wieder aus und knipste[81] mir die kleine Leselampe[82] über meinem Kopf an. Sie saß im Dunkeln. Ihr Gesicht konnte ich kaum[83] mehr erkennen.[84]

„You are from America?"

„Yes."

„Where?"

„New York."

„It's a dangerous city, no?"

Ich hätte mich ohrfeigen[85] können, daß ich behauptet[86] hatte, kein Deutsch zu sprechen. Jetzt würde sie mir in ihrem grauenhaften[87] Englisch dennoch[88] ihr Leben erzählen.

„Ich sprechen ein bißchen[89] Deutsch", sagte ich mit stark amerikanischem Akzent.

„Aber Sie haben doch vorher[90] gesagt . . ."

„Ich bin ein bißchen schüchtern.[91] Habe lange nix gesprecht."

„Dafür[92] sprechen Sie aber gut. Wo haben Sie das gelernt?"

„Meine Eltern sind Deutsche."

Sie schwieg. Ich betete,[93] sie möge[94] nichts mehr sagen.[95]

„Emigranten?" fragte sie. Ich antwortete nicht, um mich nicht noch tiefer zu verstricken.[96]

„Mein Großvater ist im KZ[97] gestorben", sagte sie. „Er war Kommunist."

---

[72]**das Sala'mibrot*** *here* salami sandwich. [73]**überse'tzen*** translate. [74]**meinen** mean, intend: **meinen mit** mean by. [75]**(an)lächeln** smile (at). [76]**sicher*** sure, certain. [77]**vorbei'** *here* over, gone. [78]**zuziehen*** pull shut. [79]**starren*** stare. [80]**der Ausdruck** expression: **ausdruckslos** expressionlessly. [81]**knipsen** click. [82]**die Leselampe** reading light. [83]**kaum*** hardly. [84]**erkennen*** recognize. [85]**ohrfeigen*** slap; **hätte mich ohrfeigen können** could have slapped myself. [86]**behaupten*** claim. [87]**grauenhaft*** ghastly. [88]**dennoch*** nevertheless. [89]**ein bißchen** a little. [90]**vorher*** earlier. [91]**schüchtern*** shy. [92]**dafür*** in view of that. [93]**beten*** pray. [94]**mögen** may. [95]**Ich . . .** I prayed that she would not say anything more. [96]**verstricken*** entangle. [97]**KZ* = das Konzentratio'nslager** concentration camp.

Der Zug hielt. Sie stieg nicht aus. Wie konnte man über vierhundert Kilometer ganz ohne Gepäck reisen? Und noch dazu[98] als Frau? Ihre Handtasche war winzig,[99] da paßte[100] noch nicht einmal ein Kulturbeutel[101] rein.[102]

5 „Ich habe nur Glück gehabt mit meinen Eltern, wissen Sie? Es ist reiner[103] Zufall,[104] daß sie keine Nazis waren . . . ich habe mich immer gefragt, wie das sein muß, von heute auf morgen alles verlassen[105] und nicht wissen, ob man jemals[106] wieder zurückkommt."

10 „Seien Sie froh, daß es nicht so ist, heute", sagte ich, und mein künstlicher,[107] amerikanischer Akzent ging mir auf die Nerven.[108] Er klang[109] leichtfertig,[110] ignorant und blöd.[111]

„Es könnte aber wieder so werden."

„Meinen[112] Sie?"

15 „Ich weiß nicht."

Plötzlich[113] saß sie neben mir und lehnte[114] ihren Kopf an meine Schulter. Sie war mir sympathisch.[115] Sie war mir sympathisch durch das, was sie gesagt hatte. Sie war keine typische Deutsche. Ich bewegte mich[116] nicht. Sie seufzte,[117] und ich sah

20 einen Tropfen[118] auf die roten Plastiksitze[119] zwischen uns fallen. Ich legte meinen Arm um sie.

„Warum weinen Sie denn?"

„Ich möchte[120] nicht drüber sprechen", sagte sie und legte ihre Hand auf mein Knie. Ich ergriff[121] sie und hielt sie fest. Man

25 hätte uns für ein Liebespaar[122] halten[123] können.

„Machen Sie Ferien[124] in Deutschland?" fragte sie in bemüht[125] leichtem Konversationston.

Ich redete[126] nicht gern über mich. Ihr habe ich alles erzählt. Vielleicht, weil sie geweint hatte. Ich erzählte ihr meine ganze

---

[98]**noch dazu** on top of that. [99]**winzig*** tiny. [100]**passen*** fit. [101]**der Kultu'rbeutel*** travel kit. [102]**rein = herein.** [103]**rein*** pure. [104]**der Zufall*** coincidence.

[105]**verlassen** leave. [106]**jemals*** ever. [107]**künstlich*** fake. [108]**der Nerv** nerve: **auf die Nerven gehen** get on one's nerves. [109]**klingen*** sound. [110]**leichtfertig*** frivolous. [111]**blöd*** stupid. [112]**meinen** *here* think. [113]**plötzlich*** suddenly. [114]**lehnen*** lean. [115]**sie war mir sympa'thisch** I liked her. [116]**sich bewegen*** move. [117]**seufzen*** sigh. [118]**der Tropfen*** drop. [119]**der Plastiksitz*** plastic seat. [120]**möchte** would like (*subjunctive of* **mögen**). [121]**ergreifen*** take hold of. [122]**das Liebespaar*** lovers. [123]**halten für** regard as. [124]**Ferien machen** take a vacation. [125]**bemüht*** deliberately. [126]**reden*** talk.

dumme amerikanische Liebesgeschichte[127] in gebrochenem Deutsch. Nach einer Weile[128] fand ich Gefallen[129] daran, Wörter falsch auszusprechen,[130] sie nach dem richtigen Ausdruck zu fragen, zu stammeln.[131]

Ich war gezwungen,[132] meine Leidensgeschichte[133] mit einem Zweihundert-Wörter-Vokabular vor ihr auszubreiten,[134] und je länger ich sprach, desto klarer[135] wurde mir meine eigene Geschichte.[136] Mit Cathy hatte es eigentlich[137] von Anfang an [138] keine Hoffnung[139] gegeben.

„Wegen einer Frau verlassen Sie Ihr Land?"

„Ja", sagte ich, „nur wegen eine Frau. Zerbrechtes Herz."

Sie küßte mich. Ich knipste die Leselampe aus.

Sie zog die Sitze aus und machte das Abteil zu einem großen Bett. Wir hielten uns und küßten uns und hielten uns.

Als ich aufwachte,[140] dachte ich für einen Moment, Cathy läge[141] neben mir. Sie strich[142] mir mit der Hand über die Augen.

„Nicht weinen", sagte sie. „Es gibt Schlimmeres."[143]

Sie wollte das Rollo[144] hochschieben.[145]

„Nicht", sagte ich.

„Wir sind bald da."

„Ich möchten so bleiben. Nie aussteigen", sagte ich.

„Das geht nicht." Sie lachte zum ersten Mal in dieser Nacht. Wir waren in Hamburg.

Sie schob die Sitze zurück und ließ das Rollo hoch. Ihre Handtasche hielt sie umklammert, sie sah mich an.

„Warum hast du kein Gepäck?" fragte ich leise. Sie sah zu Boden,[146] hob dann den Kopf und sah mir gerade in die Augen.

„Ich gehe nur Zigaretten holen", sagte sie.

Ich tat, als sei mir der Begriff[147] unbekannt.[148]

---

[127]**die Liebesgeschichte*** love story. [128]**die Weile*** while. [129]**der Gefallen*** pleasure. [130]**aussprechen*** pronounce. [131]**stammeln*** stammer. [132]**zwingen*** force. [133]**die Leidensgeschichte*** sob story. [134]**ausbreiten*** lay out. [135]**je länger . . . desto klarer** the longer . . . the clearer: **je** + *comparative* . . . **desto** + *comparative* the + *comparative* . . . the + *comparative*. [136]**die Geschichte** story, history. [137]**eigentlich** actually. [138]**von Anfang an** from the beginning. [139]**die Hoffnung*** hope. [140]**aufwachen*** wake up. [141]**läge** *subjunctive of* **liegen.** [142]**streichen*** stroke. [143]**schlimm*** bad. [144]**das Rollo** window shade. [145]**(hoch)schieben** push (up). [146]**der Boden** floor: **zu Boden** down. [147]**der Begriff*** concept. [148]**unbekannt*** unknown.

„Ich habe drei Kinder und einen Mann. Gestern abend bin ich aus dem Haus gegangen . . . Einfach[149] so." Sie sah erstaunt aus.

Wir gingen zusammen den Bahnsteig[150] entlang.[151] Ich wollte ihr alles sagen. Daβ ich gar nicht Amerikaner bin, daβ meine 5 Eltern keine Emigranten sind, daβ ich deutsch spreche. Daβ die Geschichte von Cathy eine wahre Geschichte ist.

Als ich mich umdrehte, war sie verschwunden.[152] Ich wartete eine halbe Stunde. Dann rief ich Marita an. Sie war nicht zu Hause.

Ich suchte in meinen Taschen nach einer Zigarette. Ich fand 10 einen langen, silbernen Ohrring.

EXERCISES

A. Antworten Sie auf deutsch!

1. Was machte der Erzähler, als er in das Abteil kam?
2. Woher kam der Erzähler, und wohin wollte er mit dem Zug fahren?

---

[149]**einfach** simply: **einfach so** just like that. [150]**der Bahnsteig*** platform.
[151]**entlang*** along. [152]**verschwinden*** disappear.

3. Warum war der Erzähler erleichtert, als er sah, daβ die junge Frau kein Gepäck hatte?
4. Warum sprach der junge Mann zuerst englisch?
5. Wie konnte der junge Mann es dann doch erklären, daβ er deutsch sprach?
6. Warum war der Groβvater der jungen Frau im KZ gewesen?
7. Wer war Cathy?
8. Warum hatte die junge Frau kein Gepäck?
9. Was wollte der junge Mann am Bahnsteig sagen?
10. Was fand der Erzähler in seiner Tasche?

B. Since the narrator pretends that he is an American, he later finds himself forced to speak broken German. Correct the following things that he says:

1. Ich sprechen ein biβchen Deutsch.
2. Ich bin ein biβchen schüchtern. Habe lange nix gesprecht.
3. Ja, nur wegen eine Frau. Zerbrechtes Herz.
4. Ich möchten so bleiben. Nie aussteigen.

C. The suffix **–los**, which appears in Part Six, makes adjectives or adverbs out of nouns and often corresponds to English *–less*. Make sentences using the following words to show that you understand what the English equivalents might be. What are the nouns to which the suffix **–los** has been added?

ausdruckslos	endlos	klassenlos
wortlos	vaterlos	verständnislos
kinderlos	arbeitslos	farblos
herzlos	sprachlos	zahllos
zahnlos	gottlos	hilflos
humorlos	ratlos	bewegungslos

D. Diskussionsfragen.

1. Warum denkt der junge Deutsche so negativ über sein eigenes Land?
2. Was bringt den jungen Mann und die junge Frau während der Fahrt zusammen?
3. Wer ist Ihnen sympathischer, die Frau oder der Mann?
4. Was denken Sie darüber, daβ Doris Dörrie einen Mann die Geschichte erzählen läβt?

IDIOMS USED IN THE TEXT

Since there are no subdivisions in Part Six, the numbers in parentheses refer directly to the footnotes in which the expressions first occur.

die Vorhänge vorziehen close the curtains. (4)
sich in Bewegung setzen start moving. (6)
von . . . aus from. (8)
erinnern an remind of. (29)
Anfang dreißig in one's early thirties. (38)
Angst haben be afraid. (48)
mir wird kühl I am getting chilly. (58)
meinen mit mean by. (74)
noch dazu on top of that. (98)
auf die Nerven gehen get on one's nerves. (108)
sie ist mir sympathisch I like her. (115)
halten für regard as. (123)
Ferien machen take a vacation. (124)
je + *comparative* . . . **desto** + *comparative* the + *comparative* . . . the + *comparative*. (135)
von Anfang an from the beginning. (138)
zu Boden down. (146)
einfach so just like that. (149)

VOCABULARY

(List A)

der Akzent
der Emigrant
der Nazi
der Nerv
die Zigarette

(List B)

das Abteil
die Angst
anrufen
der Ausdruck
die Bewegung
ein bißchen
der Boden
damals
draußen
drehen
eigentlich
einfach
erinnern
der Flughafen
das Gepäck
die Geschichte
die Handtasche
die Jacke
je . . . desto
knipsen
lächeln
die Leselampe
die Lust
meinen
mögen (möchten)
das Rollo
schieben
silbern
sympathisch
überhaupt
umklammern
verlassen
vorbei
der Vorhang
wortlos

Verb Appendix

Irregular verbs are often among the most frequently used verbs in German, and their principal parts must be memorized as you learn the verbs. The list below includes the basic form of all the irregular verbs that appear in this book. The past tense is used from Part Three on, and the past participle is used beginning with Part Four.

Infinitive	3rd pers. sg. present tense	1st/3rd pers. sg. past tense	Past participle with auxiliary verb
backen	bäckt	backte	hat gebacken
befehlen	befiehlt	befahl	hat befohlen
beginnen	beginnt	begann	hat begonnen
beißen	beißt	biß	hat gebissen
bekommen	bekommt	bekam	hat bekommen
binden	bindet	band	hat gebunden
bitten	bittet	bat	hat gebeten
blasen	bläst	blies	hat geblasen
bleiben	bleibt	blieb	ist geblieben
braten	brät	briet	hat gebraten
brechen	bricht	brach	hat gebrochen
brennen	brennt	brannte	hat gebrannt
bringen	bringt	brachte	hat gebracht
denken	denkt	dachte	hat gedacht
essen	ißt	aß	hat gegessen
fahren	fährt	fuhr	hat/ist gefahren[1]
fallen	fällt	fiel	ist gefallen
fangen	fängt	fing	hat gefangen
finden	findet	fand	hat gefunden
fliegen	fliegt	flog	hat/ist geflogen[1]
fressen	frißt	fraß	hat gefressen
frieren	friert	fror	hat gefroren
geben	gibt	gab	hat gegeben
gefallen	gefällt	gefiel	hat gefallen

gehen	geht	ging	ist gegangen
geschehen	geschieht	geschah	ist geschehen
gewinnen	gewinnt	gewann	hat gewonnen
haben	hat	hatte	hat gehabt
halten	hält	hielt	hat gehalten
hängen	hängt	hing	hat gehangen
heben	hebt	hob	hat gehoben
heißen	heißt	hieß	hat geheißen
kennen	kennt	kannte	hat gekannt
kommen	kommt	kam	ist gekommen
lassen	läßt	ließ	hat gelassen
laufen	läuft	lief	ist gelaufen
lesen	liest	las	hat gelesen
liegen	liegt	lag	hat gelegen
lügen	lügt	log	hat gelogen
nehmen	nimmt	nahm	hat genommen
nennen	nennt	nannte	hat genannt
reißen	reißt	riß	hat/ist gerissen[1]
reiten	reitet	ritt	hat/ist geritten[1]
riechen	riecht	roch	hat gerochen
rufen	ruft	rief	hat gerufen
scheinen	scheint	schien	hat geschienen
schieben	schiebt	schob	hat geschoben
schießen	schießt	schoß	hat geschossen
schlafen	schläft	schlief	hat geschlafen
schlagen	schlägt	schlug	hat geschlagen
schneiden	schneidet	schnitt	hat geschnitten
schreiben	schreibt	schrieb	hat geschrieben
schreien	schreit	schrie	hat geschrieen
schweigen	schweigt	schwieg	hat geschwiegen
schwimmen	schwimmt	schwamm	ist geschwommen
sehen	sieht	sah	hat gesehen
singen	singt	sang	hat gesungen
sinken	sinkt	sank	ist gesunken
sitzen	sitzt	saß	hat gesessen
spinnen	spinnt	spann	hat gesponnen
sprechen	spricht	sprach	hat gesprochen
springen	springt	sprang	ist gesprungen
stechen	sticht	stach	hat gestochen
steigen	steigt	stieg	ist gestiegen
sterben	stirbt	starb	ist gestorben
streiten	streitet	stritt	hat gestritten
tragen	trägt	trug	hat getragen

treffen	trifft	traf	hat getroffen
treten	tritt	trat	hat/ist getreten[1]
trinken	trinkt	trank	hat getrunken
tun	tut	tat	hat getan
vergessen	vergißt	vergaß	hat vergessen
verlieren	verliert	verlor	hat verloren
wachsen	wächst	wuchs	ist gewachsen
waschen	wäscht	wusch	hat gewaschen
wenden	wendet	wandte	hat gewandt
werden	wird	wurde	ist geworden
werfen	wirft	warf	hat geworfen
wissen	weiß	wußte	hat gewußt
ziehen	zieht	zog	hat/ist gezogen[2]

---

[1]Certain verbs which are usually intransitive can also be used with a direct object, in which case the auxiliary verb is **haben (Ich habe das Auto in die Garage gefahren).** [2]Used with **haben** in the meaning *pull*, with **sein** in the meaning *move*.

VOCABULARY

The vocabulary includes all of the words and expressions used in this reader except the following: articles, contractions of prepositions with the article, personal pronouns, possessive adjectives, personal names, place names identical or nearly identical to their English equivalents, regularly formed comparatives and superlatives, compound nouns or nouns with suffixes used only in the vocabulary-building exercises, and infinitives used as nouns. A few elementary features, such as the addition of the English adverb ending *–ly*, are included only for words introduced early in the book.

Nouns are given with plural endings (unless the plural is not commonly used): das **Haar, –e;** das **Haus, ¨–er.** A definite article in parentheses identifies the gender of a noun but implies that the noun is not usually used with the article. Genitives are indicated for masculines when the ending is not **–s** or **–es**: der **Löwe, –n, –n;** der **Name, –ns, –n.**

Principal parts of irregular verbs are given in parentheses: **gehen (ging, ist gegangen); schlafen (schläft; schlief, geschlafen).** Intransitive verbs requiring the helping verb **sein** with the past participle are indicated by **ist** before the past participle. Even these verbs require **haben**, however, if they are used with direct objects. A raised circle (°) after a verb with a prefix means that the principal parts can be found under the simple verb. Note that the Verb Appendix gives a complete list of the irregular verbs used in this text. Words followed by an asterisk (*) occur only once in Part Six and are not counted in the basic 915 word vocabulary.

Stress is marked (') after the stressed vowel in those cases where it does not fall on the first syllable, or the first syllable after one of the unstressed prefixes (**be–, emp–, ent–, er–, ge–, ver–, zer–**). Two stress marks in longer words (**Sta'dtmusika'nt**) indicate two major stresses.

ab off, away

abbrechen° break off

der **Abend, –e** evening; **am Abend** in the evening; **eines Abends** one evening; **heute abend** this evening; **morgen abend** tomorrow night; das **Abendessen** evening meal, dinner, supper

das **Abenteuer, –** adventure; der **Abenteurer, –** adventurer

aber but, however

abhalten*° prevent

abnehmen° take off

abreisen travel away, depart

abschneiden° cut off

absegeln sail away, set sail

abstra'kt abstract

das **Abteil, –e** compartment

acht eight; **achtzehn** eighteen; **achtzig** eighty; **halb acht** half-past seven

der **Affe, –n, –n** ape, monkey

der **Akze'nt, –e** accent

all all; **alles** everything; **alles, was** everything that

allei'n alone; **er ist gern allei'n** he likes to be alone; **ganz allei'n** all alone

als as; (*after comp.*) than; (*conj.*) when, (+ *subj.*) = **als ob; als ob** as if, as though; **nichts als** nothing but

also thus, therefore, then, so

alt old, ancient; **so alt** so old, old enough; die **Alte** (*adj. infl.*) old woman

das **Amt, –̈er** office

an at, to, on; by, along; with regard to, about; **am Abend** (*or* **Morgen**) in the evening (*or* morning); **am besten** best; **am dicksten** densest; **am Weg** by the wayside; **an die Arbeit gehen** go to work; **an die Türen schlagen lassen** have posted on the doors; **erinnern an** remind of; **sterben an** die of; **von Anfang an** from the beginning; **von jetzt** (*or* **nun**) **an** from now on; **von Mittag an** from noon (on)

ander other; **andere** others; **alles andere** all the other things, everything else

die **Anekdo'te, –n** anecdote

der **Anfang, –̈e** beginning; **Anfang dreißig** in one's early thirties; **von Anfang an** from the beginning; **anfangen°** begin

die **Angst, –̈e** fear; **Angst haben** be afraid

der **Anker, –** anchor

ankommen° arrive

anlächeln smile at

annehmen° accept

anrufen° call (*on the telephone*)

der **Anschlußflug,* –̈e** connecting flight

ansehen° look at

die **Antwort, –en (auf)** answer (to); **antworten (auf)** answer

anziehen° put on (*clothes*)

anzünden light

der **Apfel, –̈** apple; der **Apfelbaum, –̈e** apple tree

der **Appeti't** appetite; **Appeti't haben** have an appetite

(der) **Apri'l** April

die **Arbeit, –en** work, piece of work; paper (*for school*); **an die**

Arbeit gehen go to work; **arbeiten** work; der **Arbeiter, –** worker; der **Arbeitstag, –e** weekday; das **Arbeitszimmer, –** study, den, work room

der **Ärger** anger, vexation, annoyance; **ärgern** anger, vex, annoy, tease; **sich ärgern über** take offense at, be angry at

arm poor

der **Arm, –e** arm

die **Armee', –n** army

der **Arzt, -̈e,** die **Ärztin, –nen** physician

die **Asche** ash(es)

der **Ast, -̈e** branch

auch also, too; even; **auch nicht** neither, not . . . either; **auch noch** besides, in addition; **nicht nur . . . sondern auch** not only . . . but also; **wohi'n . . . auch** wherever, no matter where

auf on, upon; up; open; **auf deutsch** (*or* **englisch,** *etc.*) in German (*or* English, *etc.*); **auf die Nerven gehen** get on one's nerves; **auf einmal** suddenly, all at once; **auf Wiedersehen!** good-bye! so long! see you later!; **auf Wiederhören!** so long! talk to you later! (*on the telephone*); **böse auf** angry at, angry with; **hören auf** listen to, obey; **oben auf** on top of; **sich freuen auf** look forward to; **warten auf** wait for; **zeigen auf** point at, point to

aufblasen° blow up, inflate

aufessen° eat up

auffressen° eat up, devour

aufgeben° give up; abandon

aufheben° pick up, lift, raise

aufmachen open

aufreißen*° pull open

aufschneiden° cut open

aufschreiben° write down

aufspringen° jump up

aufstehen° stand up, get up, rise

aufwachen* wake up

das **Auge, –n** eye; der **Augenblick, –e** moment

(der) **Augu'st** August

aus out; out of, from; made of; **aus . . . hinau's (herau's)** out of . . .; **von . . . aus** from (*a particular vantage point*); **auseina'nder** apart

ausblasen° blow out

ausbreiten* lay out

der **Ausdruck, -̈e** expression

ausdruckslos expressionless(ly)

auspacken* take out, unpack

ausschicken send out

aussehen° look, appear

aussprechen*° pronounce

ausziehen° take off (*clothes*)

die **Axt, -̈e** ax

der **Bach, -̈e** brook, creek

backen (bäckt; backte, gebacken) bake; der **Bäcker, –** die **Bäckerin, –nen** baker; der **Bäckergeselle, –n, –n** journeyman baker; der **Backofen, -̈** (bake) oven; die **Backstube, –n** bakehouse, bakery

das **Bad, -̈er** bath, bathroom; **baden** bathe; das **Badezimmer, –** bathroom

der **Bahnhof, -̈e** railroad station

der **Bahnsteig,*** **–e** (*railroad*) platform

bald soon

der **Bär, –en, –en** bear

der **Baro'n, –e** baron

der **Bauer, –n, –n** farmer, peasant; die **Bäuerin, –nen** farmer's wife, (female) farmer; das **Bauernhaus, ⁻̈er** farmhouse; das **Bauernmädchen, –** farm girl

der **Baum, ⁻̈e** tree; der **Baumstumpf, ⁻̈e** stump of a tree

bedeuten mean, signify

der **Befehl, –e** command, order; **befehlen (befiehlt; befahl, befohlen)** order, bid, command

der **Beginn** beginning; **beginnen (begann, begonnen)** begin

der **Begriff,* –e** concept

behalten° keep, retain

behaupten* claim

bei at, near, with; by; at the house of

beide both; the two; **die beiden** both, the two; **die beiden Stücke** the two pieces

das **Bein, –e** leg

das **Beispiel, –e** example; **zum Beispiel (z.B.)** for example, e.g.

beißen (biß, gebissen) bite

bekommen° get, receive

belegen* occupy (*a seat*)

bellen bark

bemüht* deliberately

beobachten* observe

der **Berg, –e** mountain; heap, pile

berühmt famous

besonders especially

besser better; **best** best; **am besten** best; **es ist doch wohl besser** it is probably better

bestimmt* sure, distinct

der **Besuch, –e** visit; **zu Besuch** for a visit; **besuchen** visit, come (*or* go) to see; der **Besucher, –** visitor

beten* pray

das **Bett, –en** bed

der **Beutel, –** pouch

bevor before

bewachen watch, guard

die **Bewegung, –en** motion; **sich in Bewegung setzen** start moving

bezahlen pay

die **Biene, –n** bee

das **Bier, –e** beer

das Bild, –er picture

billig cheap, inexpensive

binden (bindet; band, gebunden) bind, tie

bis until, as far as, to; **bis an, bis auf, bis nach, bis zu** until, up to, to, as far as; **bis spät in die Nacht hinei'n** until late at night

ein **bißchen** a little

bitte please; **bitten (bittet; bat, gebeten) um** ask for, request; **ich bitte dich** I ask you

blasen (bläst; blies, geblasen) blow

das **Blatt, ⁻̈er** leaf

blau blue

bleiben (blieb, ist geblieben) stay, remain; **hängenbleiben** be caught, get stuck; **stehenbleiben** stop

der **Blick,* –e** glance

die **Blume, –n** flower

blöd* stupid

der **Boden, –̈** floor; **zu Boden** down

das **Boot, –e** boat

böse angry; bad; **böse auf** angry at

braten (brät; briet, gebraten) fry

brauchen need; use

braun brown

brechen (bricht; brach, gebrochen) break

Bremer (*indeclinable adjective*) (of) Bremen

brennen (brannte, gebrannt) burn; **brennend** burning

der **Brief, –e** letter

die **Brille, –n** (eye) glasses

bringen (brachte, gebracht) bring, take

das **Brot, –e** bread; loaf of bread

der **Bruder, –̈** brother

brüllen roar

der **Brunnen, –** fountain; well

die **Brust, –̈e** chest

das **Buch, –̈er** book; der **Buchstabe, –n, –n** letter (*alphabet*)

der **Bürger, –** citizen; der **Bürgermeister, –** mayor

das **Büro, –s** office

der **Bus, –se** bus

der **Busch, –̈e** bush, shrub

die **Butter** butter; **butterweich** soft as butter

–chen, – (*neuter noun suffix*) little, dear

der **Computer, –** computer

da (*adv.*) there; then; (*conj.*) since

dabei'* along

das **Dach, –̈er** roof

dafü'r for it; in view of that

damals at that time, then

dami't (*conj.*) in order that, so that

danke thank you, thanks; **danken** thank, say thank you

dann then

darau'f thereupon, after that

dari'n in it; there

darum therefore

daß (*conj.*) that

davon of it

dazu' for that; **noch dazu'** on top of that

die **Decke, –n** ceiling; cover, blanket

denken (dachte, gedacht) think

denn (*conj.*) for, because; *(particle in a question expresses curiosity or impatience; omit in translation*

dennoch* nevertheless

der, die, das (*pron.*) he, she, it; that (those)

desto: *see* **je . . . desto**

deutsch German; **auf deutsch** in German; **der Deutsche, die Deutsche** (*adj. infl.*) German; (das) **Deutschland** Germany

(der) **Deze'mber** December

d.h. (das heißt) i.e.

dick thick, fat, plump; dense; **am dicksten** densest

der **Dieb, –e** thief

dienen serve; **der Diener, –** servant

(der) **Dienstag, –e** Tuesday

dieser, diese, dieses this (one); the latter

,, –e thing

Dire'ktor, Direkto'ren director

doch yet, still; after all, surely, certainly, as you know; yes indeed; **es ist doch wohl besser** it is probably better; **ich tue doch niemand etwas** I am not harming anybody

der **Doktor, Dokto'ren** doctor; die **Doktorarbeit, –en** thesis for the doctorate

(der) **Donnerstag, –e** Thursday

das **Dorf, ¨–er** village

der **Dorn, –en** thorn, briar; die **Dornenhecke, –n** hedge of thorns; das **Dornrö'schen** (little briar rose) Sleeping Beauty

dort there

draußen outside; **nach draußen** outside (*with a verb of motion*)

drehen turn

drei three; **dreizehn** thirteen; **dreißig** thirty; **Anfang dreißig** in one's early thirties

dumm stupid, dull

dunkel (dunkl–) dark

dünn thin

durch through

durchschneiden° cut through, cut in two

dürfen (darf; durfte, gedurft) may, be permitted to, be allowed to; (*with negative*) must (not)

der **Durst** thirst; **Durst haben** be thirsty; **durstig** thirsty

das **Echo, –s** echo

die **Ecke, –n** corner

das **Ei, –er** egg

eigen own

eigentlich actually

ein a, an; one; **ein bißchen** a little; **eines Tages** one day; **eins** (*numeral*) one

eina'nder each other, one another; **mi'teina'nder** with one another

einfach simple, simply; **einfach so** just like that

einfallen*° occur (*to someone*)

einige some, a few

einmal one time, once; sometime; **es war einmal** once upon a time there was; **auf einmal** all of a sudden; **nicht einmal** not even; **noch einmal** once more

einschlafen° fall asleep

einsteigen° get in (*used primarily with vehicles*)

das **Eis** ice; der **Eisberg, –e** iceberg; der **Eishändler, –** iceman; **eiskalt** ice-cold

das **Eisen** iron; der **Eisenstock, ¨–e** iron rod

der **Elefa'nt, –en, –en** elephant

ele'ktrisch electric(al)

elf eleven

die **Eltern** (*plur.*) parents

der **Emigra'nt, –en, –en** emigrant

das **Ende, –n** end, death; **am Ende** in the end, finally; **zu Ende** over, past; **enden (endet)** end; **endlich** finally

englisch English; **auf englisch** in English

entdecken discover

die **Ente, –n** duck

entkommen° flee, escape

entlang* along

entreißen*° snatch away

die **Erde** earth; ground

ergattern* get hold of

ergreifen* **(ergriff, ergriffen)** take hold of

erinnern (an) remind (of)

erkennen*° recognize

erklären explain

erlauben allow, permit

erleichtert* relieved

erscheinen° appear; **erscheinen lassen** publish

erst– first

erstaunt astonished

erwachen awake

erzählen tell

der **Esel, –** jackass, donkey

essen (ißt; aß, gegessen) eat; **zu essen geben** feed; das **Essen** eating; meal, repast; food; das **Eßzimmer, –** dining room; das **Mittagessen** noon meal; das **Abendessen** evening meal; **mit schönem Essen und Trinken** with good things to eat and drink

etwa approximately, about

etwas something; **etwas Gutes** something good; **ich tue doch niemand etwas** I am not harming anybody

das **Exa'men, –** examination; **Exa'men machen** take final examinations (*on completing university studies*)

fahren (fährt; fuhr, ist gefahren) go, travel; **in die Ferien fahren** go on vacation

fallen (fällt; fiel, ist gefallen) fall; **fallen lassen** let fall, drop; **um den Hals fallen** hug

falsch wrong(ly); false, treacherous

die **Fami'lie, –n** family

fangen (fängt; fing, gefangen) catch

die **Farbe, –n** color

fassen seize, take hold of

fast almost

faul lazy

der **Faulpelz, –e** sluggard, lazybones

(der) **Februar** February

die **Feder, –n** feather

der **Fehler, –** fault, mistake

die **Feier, –n** celebration; **feiern** celebrate

der **Feind, –e** enemy

das **Feld, –er** field

das **Fenster, –** window

die **Ferien** (*plur.*) vacation; **Ferien machen** take a vacation; **in die Ferien fahren** go on vacation; die **Ferienreise, –n** vacation trip

die **Ferne** distance

der **Fernseher, –** television set; die **Fe'rnsehse'rie,*** **–n** TV series

fertig ready; done, finished

fest tight(ly), firm(ly)

das **Fest, –e** festival; das **Festessen** feast

festhalten° hold fast, hold on to

festsitzen° sit fast, be firmly fixed, be stuck

fett fat

das **Feuer, –** fire

der **Film, –e** film

finden (findet; fand, gefunden) find

der **Finger, –** finger; der **Ringfinger, –** ring finger; der **Zeigefinger, –** index finger

der **Fisch, –e** fish

die **Flamme, –n** flame

die **Flasche, –n** bottle

flattern* flutter

das **Fleisch** meat

fleiβig industrious, hard-working

die **Fliege, –n** fly; **fliegen (flog, ist geflogen)** fly

flieβen (floβ, ist geflossen) flow

die **Flügel, –n** wing

der **Flughafen, ̈–** airport

der **Fluβ, Flüsse** river; **der reiβende Fluβ** the raging river

folgen follow

die **Frage, –n** question; **eine Frage stellen (an)** ask a question (of); **fragen (nach)** ask (about)

die **Frau, –en** woman, wife; **Frau** Mrs., Ms.

frei free, open

(der) Freitag, –e Friday

fremd foreign, strange; der **Fremde** (*adj. infl.*) stranger; die **Fremdsprache, –n** foreign language

fressen (friβt; fraβ, gefressen) eat (*referring to animals*); **um es zu fressen** in order to eat it

die **Freude, –n** joy; **vor Freude** out of joy, so overjoyed that

freuen: das freut mich that makes me happy; **sich freuen (über)** be pleased (about), be glad (about)

der **Freund, –e,** die **Freundin, –nen** friend; **freundlich** friendly; die **Freundschaft, –en** friendship

frieren (fror, gefroren) freeze, be cold

frisch fresh

froh glad, cheerful

der **Frosch, ̈–e** frog

früh early; **morgen früh** tomorrow morning

der **Frühling** spring

das **Frühstück, –e** breakfast

der **Fuchs, ̈–e** fox

fühlen feel

füllig* chubby

fünf five; das **Fünfma'rkstück, –e** five-mark coin; **fünfzehn** fifteen; **fünfzig** fifty

für for; **halten für** regard as; **sorgen für** care for, provide for; **was für (ein)** what kind of (a), what a

fürchten fear; **sich fürchten (vor)** be afraid (of)

der **Fuβ, ̈–** foot; **zu Fuβ gehen** walk; **zu seinen Füβen** at his feet

die **Gabel, –n** fork

ganz entire(ly), completely, whole; quite; **den ganzen Tag** all day: **ganz allei'n** all alone; **das ganze Jahr lang** all year; **zwei ganze Wochen lang** for two whole weeks

gar kein . . . no . . . at all; **gar nicht** not at all; **gar nichts** nothing at all

die **Gara'ge, –n** garage

der **Garten, –̈** garden; **es liegt nach dem Garten** it faces the garden; die **Gartenmauer, –n** garden wall

der **Gast, –̈e** guest

geben (gibt; gab, gegeben) give; **es gibt** there is, there are; **in die Lehre geben** apprentice; **zu essen geben** feed

geboren born

gefallen° please; **es gefällt dir** (*etc.*) you (*etc.*) like it

der **Gefallen*** pleasure; **ich fand Gefallen daran*** I took pleasure in it

gegen against; toward **stoßen gegen** hit

gehen (ging, ist gegangen) go; walk; **an die Arbeit gehen** go to work; **auf die Nerven gehen** get on one's nerves; **es geht mir** (*etc.*) **gut** I'm (*etc.*) doing well; **ins Kino gehen** go to the movies; **zu Fuß gehen** walk

gehören belong

das **Geld, –er** money; der **Geldbeutel, –** moneypouch

das **Gemüse** vegetables

genau exact(ly)

genug enough

das **Gepäck** luggage

gerade just, just then; straight

gering* slight

gern willingly, gladly, with pleasure; **gern haben** like, be fond of; **gern** + *verb* like to + *verb*; **er ist gern allei'n** he likes to be alone

geschehen (geschieht; geschah, ist geschehen) happen

das **Geschenk, –e** gift, present

die **Geschichte, –n** story; history

geschwollen* swollen

der **Geselle, –n, –n** journeyman; companion

das **Gesicht, –er** face; **Gesichter schneiden** make faces

gestern yesterday

gesund healthy

gewinnen (gewann, gewonnen) win

das **Getränk,* –e** drink

glauben (an) believe (in); think

gleich equal; same

das **Glück** luck; happiness; **Glück haben** be lucky; **Glück im Spiel** luck at gambling; **glücklich** happy; lucky

das **Gold** gold; **golden** gold(en); der **Goldfisch, –e** goldfish; das **Goldstück, –e** gold coin

der **Gott, –̈er** God, god; **der liebe Gott** the dear Lord

das **Gras, –̈er** grass

grau gray

grauenhaft* ghastly

groß large, great, big; tall, grown-up; **groß werden** grow up; die **Großeltern** (*plur.*) grandparents; die **Großmutter, –̈** grandmother; der **Großvater, –̈** grandfather

grün green

der **Grund, –̈e** ground, bottom; reason, cause; **Grund zur Sorge** cause for alarm

gut good; **es geht mir** (*etc.*) **gut** I'm (*etc.*) doing well; **etwas Gutes** something good; **guten Tag** hello; **viel Gutes** many good things

das **Haar, –e** hair

haben (hat; hatte, gehabt) have; **Angst haben** be afraid; **Durst haben** be thirsty; **gern haben** like, be fond of; **Glück haben** be lucky; **Humo'r haben** be funny; have a sense of humor; **Hunger haben** be hungry; **recht haben** be right; **unrecht haben** be wrong

hacken chop, cut; der **Holzhacker, –** woodcutter

der **Hahn, ⸚e** rooster

halb half; half a; **halb acht** half-past seven; **halb sieben** half-past six

der **Hals, ⸚e** neck, throat; die **Hals-Nasen-O'hrenärztin, –nen** (*female*) ear-nose-throat doctor; **um den Hals fallen** hug

halt! halt! stop!; **halten (hält; hielt, gehalten)** hold, keep; stop; **halten für** regard as

die **Hand, ⸚e** hand; der **Handschuh, –e** glove; die **Handtasche, –n** handbag; die **Handvoll** handful (of)

der **Händler, –** dealer; der **Eishändler, –** iceman

hängen (hing, gehangen) hang; **hängenbleiben°** be caught, get stuck

hart hard, harsh

der **Hase, –n, –n** hare, rabbit; das **Häschen, –** bunny, little rabbit

häufig frequent

das **Haus, ⸚er** house; **nach Hause** home; **zu Hause** at home

heben (hob, gehoben) lift, raise; **aufheben** pick up

die **Hecke, –n** hedge; die **Dornenhecke, –n** hedge of briars

heilen cure, heal

heiß hot

heißen (hieß, geheißen) be called, be named; mean, signify; **das heißt (d.h.)** that is to say (i.e.)

helfen (hilft; half, geholfen) help; **es hilft dir** (*etc.*) **nichts** it doesn't do you (*etc.*) any good

hell bright, light

her here (*toward the speaker*); **hin und her** back and forth, to and fro

hera'b down (*toward the speaker*); **von . . . hera'b** down from . . .; **vom Baum hera'b** down from the tree; **hera'bfallen°** fall down; **hera'bfliegen°** fly down; **hera'bkommen°** come down; **hera'bsteigen°** climb down

herau's out (*toward the speaker*); **aus . . . herau's** out of . . .; **aus dem Brunnen herau's** out of the well; **herau'skommen°** come out, get out; **herau's-schlagen°** leap out (*flames*); **herau'sspringen°** jump out; **herau'sstecken** stick out; **herau'sziehen°** pull out

der **Herbst** fall, autumn

herei'n in (*toward the speaker*); **herei'nkommen°** come in

der **Herr, –n, –en** gentleman, lord; master **Herr** Mr.

herrlich magnificent

heru'nter down (*toward the speaker*); **heru'nterscheinen°** shine down

das **Herz, –ens, –en** heart

heute today; **heute abend** this evening; **heute noch, noch heute** to this day; **von heute auf morgen** from today to tomorrow; from one day to the next

die **Hexe, –n** witch

hier here

die **Hilfe** help

der **Himmel, –** sky; heaven; **himmlisch** heavenly, divine

hin to (*away from the speaker*); **hin und her** back and forth, to and fro; **hinsetzen** put down, set down; **sich hinsetzen** sit down; **hinlegen** put down; lay down; **sich hinlegen** lie down

hina'b down (*away from the speaker*); **hina'blassen°** let down; **hina'blaufen°** run down; **hina'bspringen°** jump down

hinau's out (*away from the speaker*); **hinau's wollen°** want to go out; **hinau'sbringen°** bring out; **hinau'sgehen°** go out; **hinau's-kommen°** come out; **hi-nau'slaufen°** run out; **hinau's-schwimmen°** swim out; **hinau's-springen°** jump out

hinei'n into (*away from the speaker*); **bis spät in die Nacht hinei'n** until late at night; **hinei'n wollen°** want to go in; **in . . . hinei'n** into . . .; **in die Erde hinei'n** into the ground; **hinei'nfallen°** fall into; **hinei'nfliegen°** fly in; **hinei'ngehen°** go in; **hinnei'nschlagen°** strike into; **hinei'nsehen°** look in; **hinei'nstecken** stick into; **hinei'nstellen°** put into

hinter behind

hinü'ber over, across (*away from the speaker*); **hinü'berbringen°** bring across; **hinü'bertragen°** carry across

hinu'nter down (*away from the speaker*); **hinu'ntergehen°** go down

hoch (hoh–) high; deep **hochschieben°** push up

die **Hoffnung,* –en** hope

holen (go and) get, fetch

das **Holz, ¨–er** wood; der **Holzhacker, –** woodcutter

der **Honig** honey

hören hear; **hören auf** listen to, obey

das **Hote'l, –s** hotel

der **Huf, –e** hoof; das **Hufeisen, –** horseshoe

das **Huhn ¨–er** chicken

der **Humo'r** humor; **Humo'r haben** be funny, have a sense of humor

der **Hund, –e** dog; das **Hundewetter** beastly weather, der **Schweinehund,* –** (*the combination of pig and dog is used as a swear word in German*)

hundert hundred

der **Hunger** hunger; **Hunger haben** be hungry; **vor Hunger** of hunger; **vor Hunger sterben** die of hunger; **ich kann vor Hunger nicht schlafen** I am so hungry that I cannot sleep; **hungrig** hungry

hübsch* pretty; **recht hübsch** rather pretty

die **Idee', –n** idea

ignora'nt* ignorant

immer always; **immer größer** (*or* **fetter**) bigger and bigger (fatter and fatter, *etc.*); **immer noch, noch immer** still; **immer wieder** again and again

in in, into; **in der Schule** in (at) school; **in die Lehre geben** apprentice; **ins Kino gehen** go to the movies

–in, –nen (*suffix for fem. nouns*)

die **Industrie'** industry

der **Infiniti'v, –e** infinitive

interessant interesting; **etwas Interessantes** something interesting; **nichts Interessantes** nothing interesting

ja yes; as you know; in fact, indeed; **ich sehe ja gar nichts** why, I see nothing at all; **in Bremen kann ich ja Sta'dtmusika'nt werden** why, in Bremen I can become a town musician

die **Jacke, –n** jacket

die **Jagd** hunt; der **Jagdhund, –e** hunting dog; das **Jagdmesser, –** hunting knife

das **Jahr, –e** year; die **Jahreszeit, –en** season; der **Jahrmarkt, ⸚e** (annual) fair; **das ganze Jahr lang** all year; das **Neujahr** New Year

(der) **Januar** January

je + *comparative* . . . **desto** + *comparative* the + *comparative* . . . the + *comparative*; **je länger . . . desto klarer** the longer . . . the clearer

jeder, jede, jedes each (one), every (one); any (one)

jemals* ever

jemand someone, somebody; anyone

jetzt now; **von jetzt an** from now on

(der) **Juli** July

jung young; der **Junge, –n, –n** boy

(der) **Juni** June

der **Kaffee** coffee

der **Käfig, –e** cage

kalt cold

die **Kamera, –s** camera

der **Kapitän,* –e** captain

kapu'tt to pieces (*this word has meanings ranging from broken to exhausted depending on whether it is applied to things or people)*

die **Karte, –n** card; map; ticket; das **Kartenspiel, –e** card game

der **Käse** cheese; **ein Stück Käse** a piece of cheese

die **Katze, –n** cat; das **Kätzchen, –** little cat, kitten

kaufen buy; der **Kaufmann, Kaufleute** merchant

kaum* hardly

kein no, not a, not any; **gar kein . . .** no . . . at all; **kein . . . mehr** no more . . .; **keine Blätter mehr** no more leaves; **kein Wort mehr** not another word; **keiner, keine** none, no one; **keins** none

der **Keller, –** basement, cellar; das **Kellerloch, ⸚er** basement opening

kennen (kannte, gekannt) know, be acquainted with

die **Kette, –n** chain

kikeriki cock-a-doodle-doo

das **Kilometer, –** kilometer

das **Kind, –er** child; der **Kindergarten, ⸚** nursery school

das **Kino, –s** movie theater; **ins Kino gehen** go to the movies

die **Kirche, –n** church; der **Kirchturm, ⸚e** steeple

die **Klage, –n** complaint; **klagen (über)** complain (about)

die **Klasse, –n** class

das **Klavie'r, –e** piano; der **Klavie'rspieler, –** pianist

das **Kleid, –er** dress, garment; (*plur. also*) clothes

klein small, little; **der Kleine, die Kleine** (*adj. infl.*) little one, child; das **Kleingeld*** change (money)

klingen* sound

klug wise, intelligent, clever

das **Knie, –** knee

knipsen click; **anknipsen** click on; **ausknipsen** click off.

kochen cook

die **Kohle, –n** (piece of) coal

kommen (kam, ist gekommen) come; **kommen lassen** send for

der **Kommuni'st,* –en, –en** communist

komponie'ren compose; das **Komponie'ren** composing (writing) of music; der **Komponi'st, –en, –en** composer

konkre't concrete

der **König, –e** king; die **Königin, –nen** queen

können (kann; konnte, gekonnt) can, be able to; **er kann es (nicht)** he can(not) do it

der **Konversatio'nston,* ⸚e** conversational tone

das **Konze'rt, –e** concert; concerto

der **Kopf, ⸚e** head

die **Kopie', –n** copy

der **Korb, ⸚e** basket

das **Korn, ⸚er** grain; kernel

der **Körper, –** body

kosten (kostet) cost

die **Krähe, –n** crow; **krähen** crow

krank ill, sick; **der Kranke, die Kranke** (*adj. infl.*) patient, sick person; das **Krankenhaus, ⸚er** hospital; die **Krankheit, –en** illness, disease

das **Krokodi'l, –e** crocodile

die **Küche, –n** kitchen; der **Küchentisch, –e** kitchen table

der **Kuchen, –** cake

die **Kuh, ⸚e** cow

kühl cool; **mir wird kühl** I am getting chilly

der **Kultu'rbeutel,* –** travel kit

der **Kurs, –e** course, class

kurz short, brief

die **Kusi'ne, –n** cousin (*female*)

künstlich* fake

küssen kiss

KZ* = das Konzentratio'nslager, – concentration camp

lächeln smile

lachen (über) laugh (at, about)

das **Lamm, ⸚er** lamb

das **Land, ⸚er** land, country; shore; **auf dem Land** in the country

lang long; (*time indication*) + **lang** for + (*time indication*); **zwei ganze Wochen lang** for two whole weeks; **das ganze Jahr lang** all year; **schon lange** for a long time

langsam slow(ly)

der **Lärm** noise

lassen (läßt; ließ, gelassen) let; leave; make, have, cause to; **an die Türen schlagen lassen** have posted on the doors; **erscheinen lassen** publish; **fallen lassen** drop, let fall; **gehen lassen** let go, permit (or allow) to go, send away, dismiss; **kommen lassen** send for; **keine Ruhe lassen** given no peace; **sie ließen ihm sagen** they notified him

latei'nisch Latin

laufen (läuft; lief, ist gelaufen) run

laut loud(ly), aloud

lebe live, may live

leben live; das **Leben, –** life

leer empty

legen lay, place, put; **sich legen** lie down; subside

lehnen* lean

die **Lehre, –n** lesson; apprenticeship; **in die Lehre geben** apprentice; **lehren** teach

der **Lehrer, –** die **Lehrerin, –nen** teacher

leicht light; easily, easy; **leichtfertig*** frivolous

die **Leidensgeschichte,* –n** sob story

leider unfortunately

leise soft(ly); gentle, gently, quiet(ly)

lernen learn

lesen (liest; las, gelesen) read; die **Leselampe, –n** reading light; der **Leser, –** reader

letzt– last; **zur letzten Ruhe tragen** carry to one's last resting place

die **Leute** (*plural*) people

das **Licht, –er** light

lieb dear

lieber, am liebsten (*comparative and superlative of* **gern) lieber haben** prefer, like better; **lieber essen** like better (to eat); **am liebsten haben** like best

die **Liebe** love; die **Liebesgeschichte,* –n** love story; das **Liebespaar,* –e** lovers; **lieben** love

liegen (lag, gelegen) lie; be situated; **liegen nach** face; **es liegt nach dem Garten** it faces the garden

link– left; **links** the left (side)

die **Lippe, –n** lip

die **Literatu'r** literature

das **Loch, ⸚er** hole, opening; das **Kellerloch, ⸚er** basement opening

– los – less (*suffix*)

der **Löwe, –n, –n** lion

die **Luft, ⸚e** air

die **Lufthansamaschine*, –n** Lufthansa plane

lügen (log, gelogen) lie, tell a lie

die **Lust, ⸚e** desire

machen make; do; **Exa'men machen** take final examinations; **Ferien machen** take a vacation; **schnell machen** hurry up; **sich auf den Weg machen**

be on one's way; **sich (große) Sorgen machen** worry (a lot)

das **Mädchen, –** girl

der **Magen, –** stomach; die **Magenschmerzen** (*plur.*) stomach ache

(der) **Mai** May

–mal time(s); das **Mal, –e** time (*occurrence*); **das erste Mal** the first time; **zum ersten Mal** for the first time; **einmal** one time, once; **manchmal** sometimes; **zweimal** two times, twice

man one; people, we, they

manche (*plur.*) some; **manchmal** sometimes

der **Mann, ¨–er** man; husband

die **Mark** mark(s) (*German currency*)

der **Markt, ¨–e** market; der **Marktplatz, ¨–e** market place

(der) **März** March

die **Maschine, –n** machine

die **Mauer, –n** wall

die **Maus, ¨–e** mouse; der **Mäusefresser, –** mouse-eater

die **Medizi'n** medicine

das **Meer, –e** ocean, sea

mehr more; **kein . . . mehr** no more . . .; **keine Blätter mehr** no more leaves; **kein Wort mehr** not another word; **nicht mehr** no more, no longer; **nichts mehr** nothing more, not another thing; **noch mehr** even more, still more

mehrere several

die **Meile, –n** mile

meinen mean, intend; think; **meinen mit** mean by

der **Meister, –** master; der **Bürgermeister, –** mayor

melden* announce

der **Mensch, –en, –en** human being, person; (*plur.*) people

das **Messer, –** knife

das Meter, – meter

miau'en mew

das **Mikropho'n,* –e** microphone

die **Milch** milk

mild(e) mild

die **Millio'n, –en** million; der **Millionä'r, –e** millionaire

der **Mini'ster, –** minister, cabinet officer

die **Minu'te, –n** minute; der **Minu'tenzeiger, –** minute hand (*on a clock*)

mit with; along; **meinen mit** mean by; **miteina'nder** with one another; **mitgehen°** go (come) along; **mitnehmen°** take along; **mit schönem Essen und Trinken** with good things to eat and drink

der **Mittag, –e** noon; das **Mittagessen** noon meal, lunch, dinner

die **Mitte, –n** middle, center

(der) **Mittwoch, –e** Wednesday

möchte would like (*subj. of* **mögen**)

mode'rn modern

mögen (mag; mochte, gemocht) may; **möchte** + *infinitive* would like + *infinitive*

der **Mome'nt,* –e** moment

der **Monat, –e** month

der **Mond, –e** moon

(der) **Montag, –e** Monday

morgen tomorrow; **morgen früh** tomorrow morning; **von heute auf morgen** from one day to the next; der **Morgen** morning; **am Morgen** in the morning; die **Morgensonne** the morning sun

müde tired

die **Mühle, –n** mill; die **Windmühle, –n** windmill; der **Müller, –** miller

(das) **München** Munich

der **Mund** mouth

mürrisch* sullenly

das **Muse'um, –e'en** museum

die **Musi'k** music; der **Musika'nt, –en, –en** musician; der **Sta 'dtmusik'ant, –en, –en** town musician

müssen (muβ; muβte, gemuβt) have to, must; **wer A sagt, muβ auch B sagen** in for a penny, in for a pound

das **Muster, –** pattern; model

mutig brave, courageous

die **Mutter, ⸚** mother; die **Muttersprache, –n** native language, mother tongue

nach after; to; **bis nach** as far as; **liegen nach** face; **es liegt nach dem Garten** it faces the garden; **fragen nach** ask about; **nach drauβen** outside (*with verbs of motion*); **nach Hause** home

der **Nachbar, –s** *or* **–n, –n** neighbor

nachgehen° be slow; **die Uhr geht nach** the clock is slow

nachlaufen° run after

der **Nachmittag, –e** afternoon; **am Nachmittag** in the afternoon; **eines Nachmittags** one afternoon

nächst– next; nearest

die **Nacht, ⸚e** night; **bei Nacht** at night; **bis spät in die Nacht hinei'n** until late at night

die **Nachtigall, –en** nightingale

nahe near; die **Nähe** vicinity; **in der Nähe (von)** near, close to

der **Name, –ns, –n** name

der **Narr, –en, – en** fool

die **Nase, –n** nose

natü'rlich of course, naturally

der **Nazi, –s** Nazi

neben next to, beside

nehmen (nimmt; nahm, genommen) take; **Platz nehmen** take a seat, sit down

nein no

nennen (nannte, genannt) name, call

der **Nerv, –en** nerve; **auf die Nerven gehen** get on one's nerves

das Netz, –e net

neu new; das **Neujahr** New Year

neun nine; **neunzehn** nineteen; **neunzig** ninety

nicht not; **gar nicht** not at all; **nicht einmal** not even; **nicht mehr** no more, no longer; **nicht nur . . . sondern auch** not only . . . but also

nichts nothing; **es hilft dir** (*etc.*) **nichts** it doesn't do you (*etc.*) any good; **gar nichts** nothing at all; **nichts als** nothing but; **nichts mehr** nothing more, not another thing; **nichts, was** nothing that

nicken* nod

nie never; **niemand** nobody, no one; **ich tue doch niemand etwas** I am not harming anybody

noch still, even; **ich weiß noch** I still remember; **immer noch** still; **noch bevor** even before; **noch dazu'** on top of that; **noch ein** another; **noch einmal** again, once more; **noch heute, heute noch** to this day; **noch mehr** even more, still more; **noch nicht** not yet; **weder . . . noch** neither . . . nor

der **Norden** north; der **Nordo'sten** northeast

(der) **Nove'mber** November

die **Nummer, –n** number

nun now; (*initially before comma*) well; **nun, du sagst ja nichts** well, why don't you speak

nur only, just; **nicht nur . . . sondern auch** not only . . . but also

(das) **Nürnberg** Nuremberg

ob whether; **als ob** as if, as though

oben up; **da oben** up there; **oben auf** up on, on top of; **oben auf dem Wasser** on the surface of the water; **oben auf dem Wasser schwimmen** float

oder or

der **Ofen, ⸚** stove, furnace; oven; die **Ofentür, –en** oven door

öffnen open

oft often

ohne without; **ohne . . . zu** + *infinitive* without + *verb* + –ing . . .; **ohne mich zu beißen** without biting me

das **Ohr, –en** ear; **dir** (*etc.*) **ins Ohr** into your (*etc.*) ear; **ohrfeigen*** slap

(der) **Okto'ber** October

der **Onkel, –** uncle

ora'ngen orange (*color*)

die **Ordnungszahl, –en** ordinal number

der **Osten** east

das **Papie'r, –e** paper; der **Papie'rkorb, ⸚e** waste-paper basket

der **Park, –e** *or* **–s** park

passen* fit

der Pelz, –e fur, pelt

der **Pfennig, –e** penny, cent

das **Pferd, –e** horse; das **Pferdchen, –** little horse, colt

der **Philoso'ph, –en, –en** philosopher

piep peep (*bird's sound*)

die **Pisto'le, –n** pistol

der **Plastiksitz,* –e** plastic seat

der **Platz, ⸚e** place; seat; square; **Platz nehmen** take a seat, sit down

platzen burst, explode

plötzlich* suddenly

der **Prinz, –en, –en** prince

der **Profe'ssor, Professo'ren,** die **Professo'rin, –nen** professor

das **Pulver, –** powder

der **Rat** advice, counsel; der **Rat, ⸚e** council, councilmember; das **Rathaus, ⸚er** city hall, townhall das **Rätsel, –** riddle

reagie'ren* react

recht right; rather; **recht haben** be right; **recht hübsch** rather pretty; **das ist mir recht** that suits me; **unrecht haben** be wrong

reden* talk

der **Regen** rain; das **Regenwetter** rainy weather; **regnen** rain

reich rich

rein = herei'n

rein* pure

die **Reise, –n** journey, trip; **reisen** travel

reißen (riß, gerissen) tear; **der reißende Fluß** the raging river

reiten (reitet; ritt, ist geritten) ride; der **Reiter, –**, die **Reiterin, –nen** rider

relati'v relative

das **Restaura'nt, –s** restaurant

der **Rhythmus,* –men** rhythm

der **Richter, –** judge

richtig correct(ly), right; real, regular

riechen (roch, gerochen) smell

der **Riese, –n, –n** giant

der **Ring, –e**; ring; der **Ringfinger, –** ring finger

der **Ritt, –e** ride (*on horseback*)

der **Rock, ⸚e** coat

das **Rollo, –s** window shade

die **Rose, –n** rose

rot red

der **Rücken, –** back

der **Ruf, –e** shout; **rufen (rief, gerufen)** call

die **Ruhe** rest, quiet; **in Ruhe lassen** leave in peace; **zur letzten Ruhe tragen** carry to (one's) last resting place

rund round

(das) **Rußland** Russia

(das) **Sachsen** Saxony

der **Sack, ⸚e** sack, bag

sagen say; **wer A sagt, muß auch B sagen** in for a penny, in for a pound

das **Sala'mibrot,* –e** salami sandwich

(der) **Samstag, –e** Saturday

der **Satz, ⸚e** sentence

das **Schaf, –e** sheep

der **Schalk, –e** wag, rogue

scharf sharp

schaukeln* rock

scheinen (schien, geschienen) shine

schenken give, present, give as a present; das **Geschenk, –e** present

schicken send; **ausschicken** send out

schieben (schob, geschoben) push; **hochschieben** push up

schießen (schoß, geschossen) shoot

das **Schiff, –e** ship; das **Segelschiff, –e** sailing ship

der **Schlaf** sleep; das **Schlafzimmer, –** bedroom; **schlafen (schläft; schlief, geschlafen)** sleep, be asleep; **ich kann vor Hunger nicht schlafen** I am so hungry that I cannot sleep; **schlafend** sleeping, asleep

schlaff slack, limp, indolent

schlagen (schlägt; schlug, geschlagen) beat; **an die Türen schlagen lassen** have posted on the doors; **herau'sschlagen** leap out (*flames*); **sich schlagen** fight

der **Schlara'ffe, –n, –n** lazy fellow; das **Schlara'ffenland** Land of Cockaigne, fool's paradise

schlecht bad; **viel Schlechtes** a lot of bad things

schließen* **(schloß, geschlossen)** close

schlimm* bad

das **Schloß, Schlösser** palace

schmecken taste

der **Schmerz, –en** pain, ache; die **Magenschmerzen** stomach ache

der **Schmied, –e** blacksmith

der **Schnabel, ¨–** bill, beak

der **Schnee** snow; der **Schneeball, ¨–e** snowball

schneiden (schneidet; schnitt, geschnitten) cut; **Gesichter schneiden** make faces

schnell fast; **schnell machen** hurry up

schon already, before you know it; surely, all right, never fear; **wir haben ihn schon lange** we have had him for a long time

schön beautiful, fine, nice; good; **mit schönem Essen und Trinken** with good things to eat and drink

schrecklich terrible

der **Schrei, –e** scream; **schreien (schrie, geschrieen)** scream

schreiben (schrieb, geschrieben) write; der **Schreibtisch, –e** desk

schüchtern* shy

der **Schuh, –e** shoe; der **Schuhmacher, –** shoemaker, cobbler

die **Schule, –n** school; **in der Schule** in (at) school; **zur Schule** to school

die **Schulter, –n** shoulder

schwach weak

der **Schwanz, ¨–e** tail

schwarz black

schweigen (schwieg, geschwiegen) be silent; keep quiet (*about something*)

das **Schwein, –e** pig; der **Schweinehund,*** **–** (*the combination of pig and dog is used as a swear word in German*)

die **Schweißperle,*** **–n** bead of sweat

schwer heavy; difficult

schwimmen (schwamm, ist geschwommen) swim, float; **oben auf dem Wasser schwimmen** float; das **Schwimmbad, ¨–er** swimming pool

sechs six; **sechzehn** sixteen; **sechzig** sixty

das **Segel, –** sail; das **Segelschiff, –e** sailing ship; **segeln** sail; **absegeln** sail away, set sail

sehen (sieht; sah, gesehen) see

sehr very, (very) much

die **Seide** silk

das **Seil, –e** rope

sein (ist; war, ist gewesen) be; **es war einmal** once upon a time there was; **sein . . . zu** + *infinitive* is to be (can be) + *past participle* . . .; **kein Stoff war zu sehen** no material could be seen

seit since; for; **seit vielen Jahren** for many years; **seit Wochen** for weeks

die **Seite, –n** side; page

die **Seku'nde, –n** second

selbst self, myself, yourself, *etc.*; even; **sich selbst** himself, herself, themselves; **selbst in der ersten Klasse** even in first class

selten seldom, rare

das **Seme'ster, –** semester

(der) **Septe'mber** September

setzen set, place; **sich setzen** sit down; **sich in Bewegung setzen** start moving

seufzen* sigh

sich himself, herself, *etc.* (*reflexive pronoun*); each other; **sich fürchten vor** be afraid of; **sich große Sorgen machen** worry a lot; **sich in Bewegung setzen** start moving; **sich selbst** himself, herself, themselves

sicher* sure, certain

sieben seven; **siebzehn** seventeen; **siebzig** seventy

das **Silber** silver; der **Silbertaler, –** silver thaler, silver coin; **silbern** silver (*adj.*)

singen (sang, gesungen) sing

sinken (sank, ist gesunken) sink

sitzen (saß, gesessen) sit; fit

so so, thus; then; **einfach so** just like that; **so . . . wie** as . . . as; **so schwach wie** as weak as; **und so weiter (usw.)** and so on (etc.)

das **Sofa, –s** sofa

sofo'rt at once, immediately

der **Sohn, ⸚e** son

sola'nge as long as

solcher, solche, solches (*sg*). such a (an); **solche** (*pl.*) such; **ein solch–; solch ein–** such a (an)

der **Soldat, –en, –en** soldier

sollen (soll; sollte, gesollt) should, ought to; be supposed to; be said to

der **Sommer, –** summer

sondern but; **nicht nur . . . sondern auch** not only . . . but also

(der) **Sonnabend, –e** Saturday

die **Sonne, –n** sun; die **Sonnenbrille, –n** sunglasses; die **Sonnenuhr, –en** sundial; **sonnig** sunny

(der) **Sonntag, –** Sunday

sonst* otherwise

die **Sorge, –n** worry, care, anxiety; **Grund zur Sorge** cause for alarm; **sich (große) Sorgen machen** worry (a lot); **sorgen** care; worry; **sorgen für** care for, provide for

spät late; **bis spät in die Nacht hinei'n** until late at night; **wie spät ist es?** what time is it?

der **Sperling, –e** sparrow

der **Spiegel, –** mirror

das **Spiel, –e** play; game; gambling, game of chance; **Glück im Spiel** luck at gambling; **spielen** play

die **Spindel, –n** spindle

spinnen (spann, gesponnen) spin

die **Spitze, –n** point, tip

der **Sport** sports

die **Sprache, –n** language; die **Fremdsprache, –n** foreign language; die **Muttersprache,**

–n native language, mother tongue; **sprechen (spricht; sprach, gesprochen)** speak; say

springen (sprang, ist gesprungen) jump, spring; hurry

der **Stachel, –n** sting

die **Stadt, ⸚e** city, town; der **Sta'dtmusika'nt, –en, –en** town musician; der **Stadtpark, –s** city park

der **Stall, ⸚e** stable, barn

stammeln* stammer

stark strong

starren* stare

stechen (sticht; stach, gestochen) stick; prick

stecken stick, put; **seine Tasche voll stecken** fill his pocket

stehen (stand, gestanden) stand; **stehenbleiben°** stop

steigen (stieg, ist gestiegen) rise; climb; **steigen auf (aus,** *etc.*) get on (out of, *etc.*); der **Bahnsteig, –e** (*railroad*) platform

der **Stein, –e** stone; das **Steinchen, –** little stone

die **Stelle, –n** place, spot; **stellen** place, put; **eine Frage stellen (an)** ask a question (of); **sich stellen** place oneself, stand

sterben (stirbt; starb, ist gestorben) die; **sterben an** (*or* **vor**) die of; **vor Hunger sterben** die of hunger, starve

die **Stiefmutter, ⸚** stepmother

still quiet; **stillstehen°** stop; stand still

die **Stimme, –n** voice

die **Stirn,* –en** forehead

der **Stock, ⸚e** stick, cane; der **Eisenstock, ⸚e** iron rod

der **Stoff, –e** material; goods

der **Stoß, ⸚e** blow, push; **stoßen (stößt; stieß, gestoßen)** push, knock, bump

die **Straße, –n** street

der **Streich, –e** trick, prank

streichen* stroke

der **Streit, –e** quarrel; **(sich) streiten** fight, quarrel

das **Stroh** straw

das **Stück, –e** piece; **die beiden Stücke** the two pieces; das **Fünfma'rkstück, –e** five-mark piece; das **Goldstück, –e** goldpiece; gold coin; **Stück Käse (Fleisch,** *etc.*); piece of cheese (meat, *etc.*); das **Stückchen, –** little piece of

studie'ren study, go to college; der **Stude'nt, –en, –en,** die **Stude'ntin, – nen** student; das **Studium** studying, attending college

der **Stuhl, ⸚e** chair; der **Webstuhl, ⸚e** loom

die **Stunde, –n** hour; **stundenlang** for hours; der **Stundenzeiger, –** hour hand (*on a clock*)

der **Sturm, ⸚e** storm

suchen seek, look for

der **Süden** south

süß sweet

sympa'thisch likeable; **sie ist mir sympathisch** I like her

der **Tag, –e** day; **am Tag** in the daytime; **den ganzen Tag** all day; **eines Tages** one day; **guten Tag** hello; der **Mittag, –e** noon; der **Nachmittag, –e** afternoon der **Taler,** – thaler, dollar (*old monetary unit*)

die **Tante, –n** aunt

tanzen dance

die **Tasche, –n** pocket; die **Handtasche, –n** handbag; **seine Tasche voll stecken** fill his pocket; das **Taschentuch,*** ¨–er handkerchief

taugen be fit, be useful, be good

tausend thousand

das **Taxi, –s** taxi; der **Taxifahrer,** – cabdriver

der **Tee** tea; der **Teetisch, –e** tea table

der **Teich, –e** pond

der **Teil, –e** part; **teilen** divide; share

der **Teller,** – plate

das **Telefo'n, –e** telephone

teuer expensive

das Thea'ter, – theater

tief deep, low

das Tier, –e animal

der **Tiger,** – **tiger**

der **Tisch, –e** table; der **Küchentisch, –e** kitchen table; der **Schreibtisch, –e** desk; der **Teetisch, –e** tea table

die **Tochter,** ¨– daughter

der **Tod** death; **tot** dead; **töten** kill

die **Toile'tte, –n** toilet

tragen (trägt; trug, getragen) carry; wear **zur letzten Ruhe tragen** carry to (one's) last resting place

treffen (trifft; traf, getroffen) meet; hit

trinken (trank, getrunken) drink; **mit schönem Essen und Trinken** with good things to eat and drink

der **Tropfen,*** – drop

trotzdem nevertheless

tun (tat, getan) do; **ich tue doch niemand etwas** I am not harming anybody; **tun, als ob** act as if

tupfen* dab

die **Tür, –en** door; **an die Türen schlagen lassen** have posted on the doors; die **Ofentür, –en** oven door

der **Turm,** ¨–e tower, steeple; der **Kirchturm,** ¨–e steeple

typisch* typical

über over, above; about; across; **lachen über** laugh at, laugh about; **klagen über** complain about; **sich freuen über** be pleased at, be glad about

überhau'pt at all

überna'chten* spend the night

überne'hmen° take over

überse'tzen* translate

die **Uhr, –en** watch, clock **die Uhr geht vor (nach)** the clock is fast (slow); **wieviel Uhr ist es?** what time is it?

um around, about; **bitten um** ask for; **um acht (Uhr)** at eight (o'clock); **um den Hals fallen** hug; **um . . . zu** + *infinitive* in order to + *infinitive . . .;* **um den Käse zu bekommen** in order to get the cheese

umkla'mmern clutch

un– (*negative prefix*) un–, dis–; not

unbekannt* unknown

und and; **und so weiter (usw.)** and so on (etc.)

unerträglich* unbearably

das **Unglück, –e** misfortune, accident; **unglücklich** unhappy, unlucky

die **Universitä't, –en** university; **die Universitä't München** Munich University, the University of Munich

unrecht haben be wrong; **unrecht tun** do wrong; do an injustice

unten below

unter under, below; among

usw. (und so weiter) etc.

der **Vater, ⸚** father, der **Großvater, ⸚** grandfather; das **Vaterland, ⸚er** fatherland, country

das **Verb, –en** verb

verbrennen° burn up

vergeblich* in vain

vergehen° dissipate, pass

vergessen (vergißt; vergaß, vergessen) forget

verkaufen sell

verlassen° leave

verlieren (verlor, verloren) lose

verpassen* miss

verschwinden* (verschwand, ist verschwunden) disappear

versprechen° promise

verstecken hide

verstehen° understand

verstricken* entangle

verständnislos* uncomprehendingly

versuchen try

verwandt related

der **Vetter, –** cousin (*male*)

viel much, a lot (of); **viel Schlechtes** a lot of bad things; **wieviel** how much; **wieviel Uhr ist es?** what time is it?; **viele** many; **wieviele** how many; **vieles** many things

viellei'cht perhaps

vier four; **vierzehn** fourteen; **vierzig** forty

das **Viertel, –** quarter; section; **ein Viertel vor neun** a quarter to nine

der **Vogel, ⸚** bird

der Vokabula'r,* vocabulary

voll full; **seine Tasche voll stecken** fill his pocket

von from, of; **von Anfang an** from the beginning; **von . . . aus** from . . . (*a particular vantage point*)

vor before, in front of; because of; to; **vor Freude** out of joy; **vor Hunger** of hunger; **vor Hunger sterben** die of hunger, starve; **ich kann vor Hunger nicht schlafen** I am so hungry that I cannot sleep; **vor** + *time expression*); *time expression* + ago; **vor hundert Jahren** a hundred years ago; **ein Viertel vor neun** a quarter to nine; **sich fürchten vor** be afraid of

vorbei' by; over, gone

vorbei'kommen*° come by

vorgehen° be fast; **die Uhr geht vor** the clock is fast

der **Vorhang, ⸚e** curtain; **die Vorhänge vorziehen** close the curtains

vorher* earlier

die **Vorlesung, –en** lecture

der **Vormittag, –e** morning, forenoon

vorziehen*° close

wachsen (wächst; wuchs, ist gewachsen) grow

der **Wagen, –** coach, car, wagon

wählen choose

wahr true

während during, while

der **Wald, ⸚er** forest, woods

der **Walfisch, –e** whale

die **Wand, ⸚e** wall

wandern wander, hike; der **Wanderer, –** hiker

wann when

war was; *see* **sein**

warm warm

warnen warn

warten (wartet) wait; **warten auf** wait for

waru'm why

was für ein what sort (kind) of (a)

was what; **alles, was** everything that, all that **das, was** that which, what; **nichts, was** nothing that; **was für (ein)** what kind of (a), what a

waschen (wäscht; wusch, gewaschen) wash; der **Waschtag, –e** washday

das **Wasser** water; **oben auf dem Wasser** on the surface of the water; **oben auf dem Wasser schwimmen** float

weben weave; der **Weber, –** weaver; der **Webstuhl, ⸚e** (weaver's) loom

wecken wake (*someone*) up; der **Wecker, –** alarm clock

weder . . . noch neither . . . nor

der **Weg, –e** way; path, road; **am Weg** at (*or* by) the wayside; **sich auf den Weg machen** be on one's way

weg away, gone; **wegbringen°** take away; **wegfliegen°** fly away; **weggehen°** leave; **wegholen** bring away; **weglaufen°** run away; **wegnehmen°** take away; **wegschicken** send away

wegen because of

weich soft

(die) **Weihnachten** (*plur.*) Christmas

weil because

die **Weile,*** while

der **Wein, –e** wine

weinen cry, weep

weiß white

weit far; wide; **weiter** farther, further; on, keep on, continue to; **und so weiter (usw.)** and so on (etc.); **weiteressen°** continue to eat; **weitergehen°** go on, walk on; **weiterreisen** travel on; **weiterreiten°** ride on; **weiterschlafen°** continue to sleep; **weiterschreiben°** continue to write; **weitersegeln** sail on; **weiterspielen** continue to play, **weiterwandern** wander on; **weiterziehen°** move on

welcher, welche, welches which; **welch ein** what a

die **Welt, –en** world

wen whom; *see* **wer**

(sich) **wenden (wendet, wandte, gewandt)** turn

wenig little, not much; **wenige** (a) few; **weniger** less; **wenigst–** least; **wenigstens*** at least

wenn if, whenever

wer who; whoever, he who; **wer A sagt, muβ auch B sagen** in for a penny, in for a pound

werden (wird; wurde, ist geworden) become; shall, will; **Ärztin werden** become a physician, **mir wird kühl** I am getting chilly

werfen (wirft; warf, geworfen) throw

das **Werk, –e** work

die **Weser** the Weser River

der **Westen** west

das **Wetter** weather

wie like, as, how; as if, as though; **so . . . wie** as . . . as; **so schwach wie** as weak as; **wie spät ist es?** what time is it?

wieder again; back; **immer wieder** again and again; **wiederkommen°** come again, return; **wiedersehen°** see again; **auf Wiedersehen!** good-bye! so long! see you later!; **auf Wiederhören!** so long! talk to you later! (*on the telephone*)

wiederho'len* repeat

wieviel how much; **wieviel Uhr ist es?** what time is it?; **wieviele** how many

wild wild

der **Wind, –e** wind; die **Windmühle, –n** windmill

der **Winter, –** winter

winzig* tiny

der **Wirt, –e** die **Wirtin, –nen** host, innkeeper; das **Wirtshaus, ¨–er** inn

wissen (weiβ; wuβte, gewuβt) know; **ich weiβ noch** I still remember

witzig funny, witty

wo where

die **Woche, –n** week; **seit Wochen** for weeks; **zwei ganze Wochen lang** for two whole weeks; das **Wochenende, –n** weekend; das **Wochenendhaus, ¨–er** weekend house; der **Wochentag, –e** weekday

wodu'rch whereby; **wofü'r** for what, what for; **woge'gen** against what; **wohe'r** from where, from which; **wohi'n** to where, whither, whereto, where; **wohi'n . . . auch** wherever, no matter where; **wohi'n ich den Kopf auch wandte** wherever I turned my head

wohl probably, I suppose; well; **es ist doch wohl besser** it is probably better

wohnen live, dwell; die **Wohnung, –en** apartment; das **Wohnzimmer, –** living room

der **Wolf, ¨–e** wolf

wollen (will; wollte, gewollt) want, want to, be willing to

das **Wort, –e** *or* **¨–er** word; **wortlos** without saying a word

worü'ber about which

wunderbar wonderful; **etwas Wunderbares** something miraculous der **Wunsch ⸚e** wish; **wünschen** wish

die **Zahl, –en** number; die **Ordnungszahl, –en** ordinal number; **zählen** count

der **Zahn, ⸚e** tooth; der **Zahnarzt, ⸚e,** die **Zahnärztin, –nen** dentist

z.B. (zum Beispiel) e.g.

zehn ten

zeigen point, show; **zeigen auf** point at, point to; der **Zeigefinger, –** index finger; der **Zeiger, –** hand (*of a clock*), pointer; der **Stundenzeiger, –** hour hand; der **Minu'tenzeiger, –** minute hand

die **Zeit, –en** time; **zu der Zeit** at that time

die **Zeitung,* –en** newspaper

das **Zentime'ter, –** centimeter

zerbrechen° break to pieces

zerreißen° tear up, rip to pieces

ziehen (zog, ist gezogen) pull, draw, drag, move, go

das **Zimmer, –** room

der **Zoo, –s** zoo

zu to, for, at; too; **zu Besuch** for a visit; **zu Boden** down; **zu der Zeit** at that time; **zu Ende** over, past; **zu Fuß gehen** walk; **zu Hause** at home; **zu seinen Füßen** at his feet; **zum Beispiel (z.B.)** for example (e.g.,); **zur Tür hinau's** out through the door; **Grund zur Sorge** cause for alarm; **ohne . . . zu** + *infinitive* without + *verb* + –ing . . .; **ohne mich zu beißen** without biting me; **um . . . zu** + *infinitive* in order to + *infinitive* . . .; **um den Käse zu bekommen** in order to get the cheese

der **Zucker** sugar

zue'rst first, at first

der **Zufall,* ⸚e** coincidence

zufrie'den satisfied

zufällig* accidentally

der **Zug, ⸚e** train; procession, parade

zuhören listen (to)

zumachen close

die **Zunge, –n** tongue

zurü'ck back; behind; **zurü'ckgeben°** give back, return; **zurü'ckfallen°** fall back; **zurü'ckgehen°** go back, return; **zurü'ckkommen°** come back, return; **zurü'cklegen** put back; **zurü'ckrufen°** call back

zusa'mmen together

zuziehen*° pull shut, close

zwanzig twenty

zwei two; **zwei ganze Wochen lang** for two whole weeks; **zweimal** twice, two times; **zweit–** second

zwingen,* (zwang, gezwungen) force

zwischen between

zwölf twelve

INDEX

Topics covered in the exercises on vocabulary building or cultural differences are listed below for the convenience of students wishing to review particular concepts. References are cited as follows: American words in German 1.1–3.C. *This means that* Exercise C *following* Sections 1–3 *of* Part One (**Allerlei**) *deals with American words in German. Questions and true/false statements are not included in this index.*